WOLFGANG SONNENBURG
Lieber die ganze Welt gegen mich als meine Seele

Vom Mut, zu sich selbst zu stehen

Der Autor schätzt die Leistung von Männern und Frauen gleichermaßen, verzichtet jedoch aus Gründen der Lesbarkeit auf Doppelungen.

Einleitung

Liebe Leserin,
lieber Leser,

woran denken Sie, wenn Sie das Wort „Millionär" hören? An Geld, Besitz, Reichtümer? Dann sind Sie in bester Gesellschaft, denn 99,9 Prozent aller Menschen zeichnen genau diese Gedankenbilder. Sie malen sich aus, dass die Million auf dem Konto ihr Leben leicht und freudig machte, dass sie schlichtweg zu den Glücklichen auf diesem Planeten zählten, wären sie reich. Weit gefehlt. Nie gab es mehr Millionäre als heute. Allein in Deutschland lebt rund eine Million dieser beneideten und bewunderten Männer und Frauen. Und täglich werden es mehr. Gleichzeitig erschrecken die Meldungen über steigende Burnouts, Depressionen, Orientierungslosigkeit im Leben. Wie passt das zusammen? Es scheint, als machten diese Symptome vor Geld nicht Halt. Es scheint, als gäbe es eine tiefe Sehnsucht nach beidem: nach einem inneren und einem äußeren Reichtum. Kann das gelingen? Ich sage: Ja! Denn beide bedingen einander.

Ich will Sie auf den folgenden Seiten ermuntern, nicht dem Mammon zu folgen – und darüber Ihr Herz zu vergessen. Nicht nur mit dem Verstand den Alltag zu gestalten und darüber die Spiritualität zu belächeln. Denn ich habe erfahren, dass Menschen ihre wahre Bestimmung in diesem Leben erst finden, wenn sie den Blick weit öffnen, so weit, dass er über die

Standards hinausreicht. Jeder Mensch hat es verdient, seine Einzigartigkeit in diese Welt zu bringen und darüber hinaus in Wohlstand zu leben. Deshalb lade ich Sie ein, mit mir auf eine Reise zu gehen, auf die Reise zu sich selbst. Sie ist 216 Seiten lang, das Tempo bestimmen Sie. Vielleicht sprinten Sie durch das Buch, weil Sie ein Aha-Erlebnis nach dem anderen haben. Vielleicht möchten Sie den Anstieg in langsamen Schritten gehen, weil Sie eine Zeit des Nachdenkens benötigen. Wie auch immer. Ich begleite Sie.

Aber zuvor will ich Ihnen von der Idee zu diesem Buch erzählen. Sie ist so außergewöhnlich wie normal, denn diese Idee handelt von der Suche nach einer inneren Klarheit. Ich habe diesen Weg lange gesucht, habe viele Jahre gezaudert mit mir und der Welt, habe die Symptome des Unglücks – nämlich Erschöpfung und eine tiefe Depression – empfunden. Trotz finanziellen Reichtums. Trotz Luxus und der Bewunderung der anderen. Und habe irgendwann losgelassen. Von diesem Punkt an ging es bergauf. Ich wurde demütig, dankbar und fand mich selbst. Es konnte geschehen, weil ich die schönste Wunderfrage dieser Welt fand, die ich auch Ihnen in diesem Buch stelle: Was wollen Sie in Ihrem Leben wirklich, wirklich erreichen? Die Antwort führt Sie nah an Ihre Seele.

Diese zu entdecken, festzuhalten wie eine Kostbarkeit, auch dazu will ich Sie inspirieren. Mit Geschichten und mit wissenschaftlichen wie spirituellen Erkenntnissen. Ich habe sie verwoben zu einem Lesestoff, der Ihnen Versprechen und Anleitung sein soll: Das Beste kommt noch. Sie dürfen nur niemals aufhören, daran zu glauben und daran zu arbeiten. Denn sicher ist eines: Sie haben nur einmal die Chance auf dieses Leben. Packen Sie es mit beiden Händen und schöpfen Sie aus der Fülle. Das wird Ihnen gelingen, wenn Sie nach Ihrer Essenz, nach Ihren Talenten, nach Ihrer Freude leben. Auch dafür habe ich dieses Buch geschrieben.

Wir leben in einer flüchtigen Welt, in der Informationen ebenso schnell aufgesaugt wie vergessen werden. Das mag manchmal ein Schutz vor Überflutung sein. Das ist in Ordnung so. Wenn es jedoch um die Suche nach der eigenen Zufriedenheit, der tiefen inneren Entwicklung geht, dann ist es klug, innezuhalten und sich diesen Themen immer wieder konzentriert zu nähern.

Damit Sie sich nicht verlaufen, sondern vor der Erleuchtung richtig abbiegen, möchte ich Ihnen zur Erleichterung auch Arbeitsbögen zur Verfügung stellen. Sie sind gedacht als Entscheidungs-, Zuversichts- und Strukturgeber. Ich möchte sie Ihnen ans Herz legen, um mit dem Umschlagen der letzten Buchseite das Erfahrene zu bewahren.

Sie finden die Arbeitsblätter samt Anleitung unter dem Link **https://www.lieber-die-ganze-welt-gegen-mich-als-meine-seele.de.** Mit dem für Sie reservierten Codewort – Demut – können Sie diese Arbeitsblätter und mehr gratis downloaden. Betrachten Sie diese Blätter als Impuls für Ihren Alltag, als ein probates Instrument, um sich Ihrem Ich ein Stück weit zu nähern. Aber beginnen wir zunächst mit der Lektüre des Buches: Ich freue mich auf die Begegnung mit Ihnen auf den folgenden Seiten – oder live. Entdecken wir gemeinsam den Wert der Demut. Ich hoffe, mein Buch inspiriert Sie dazu.

Die Zukunft ist offen – Sie bestimmen mit, was hineinkommt.

Ihr
Wolfgang Sonnenburg

Verhungert im Schlaraffenland

E s gibt Schönheiten, die sind zeitlos. Die verbinden Kraft mit Eleganz, Provokation mit Versprechen. Männer mögen diesen Mix. Dann schwärmen sie, dann begehren sie. Für eine kurze Sequenz geben sie sich ihren Emotionen hin, bevor die Ratio nach den Daten fragt: 300 PS, zwölf Zylinder, 1,8 Tonnen, ein Motorengeräusch wie Musik in den Ohren. Wunderbar. Bei mir war es Liebe auf den ersten Blick zu einem Götterauto: dem Powercoupé 850i. Damals erfand BMW das Fahren neu, baute eine Sehnsucht aus Stahl und Glas mit Technologie vom Feinsten. Der Wagen berührte Männer, Männer wie mich.

Vor rund 25 Jahren schwang ich mich auf den Fahrersitz, tippte auf das Gaspedal und donnerte meiner Freiheit entgegen. Dachte ich. Heute weiß ich: Der Besitz dieses Autos symbolisierte lediglich einen Mangel in mir. Vielleicht regte sich schon damals eine innere Stimme, die mir davon erzählen wollte, aber die leisen Töne waren nicht meine Tonalität. Ich sah gerne auf das, was ich erreicht hatte: eine Kanzlei in bester Hamburger Lage mit Mandanten aus der High Society. Ich war angesagt als Anwalt. Und hatte noch viel vor. Das Auto, so fand ich, passte zu mir, zu meinem Image, das ich pflegte, als erfolgreicher Macher. Die Blicke der anderen waren wie Balsam im Stress. Da traf es sich gut, dass ein Mandant aus dem Filmbusiness mich am Ende eines vertrauensvollen Gespräches fragte: „Ich habe noch ein ganz besonderes Anliegen: Morgen kommt mein Boss aus Hollywood. Ich weiß, er ist Autoliebhaber, schwärmt geradezu für ein Auto wie Ihres. Also ... könnte ich mir Ihr Auto für einen Tag ausleihen und den Boss aus L.A. beeindrucken?" Ich wusste, dass es den Wagen auf dem amerikanischen Markt noch nicht gab – und fühlte mich an meinem Stolz gekitzelt. Ich nickte meinem Mandanten zu – und gab ihm den Schlüssel mit großer Geste. Erfolg ist teilbar, dachte ich, und blickte dem blitzstartenden Hollywoodmann hinterher. Er hatte Staub aufgewirbelt, die Ruhe durchdröhnt, er schoss um die Ecke, als gehöre die Straße ihm. Ein ungutes Gefühl schlich in mir hoch, und meine innere Stimme spottete: „Willst du so wirken?" Dieses Mal hörte ich hin. Sehr genau, sehr kritisch. Das Ergebnis war der Zweifel.

Brauchte ich eine solche Show? Jubelte ich den Motor ebenso nach oben, damit andere dachten: „Wow, der Typ hat es geschafft!"? Es war, als würde ich zu meinem eigenen Beobachter, und was ich sah, gefiel mir nicht. Ich fragte mich: Was sagt ein Auto über den Menschen aus? Der Fahrer kann ein Mechaniker einer Werkstatt sein, gerade auf einer Testfahrt unterwegs. Er kann ein Luxussöhnchen sein, dessen Mutter das Auto finanzierte. Er kann ein Mensch sein, der sein letztes Geld zusammenkratzt, nur um die Leasingraten zu bezahlen. Alles ist möglich – im Leben gibt es keine verlässlichen Koordinaten, keine äußerlichen Symbole für Glück. Wer anderes behauptet, der baut eine Fassade auf, um seine Leere zu verdecken. Je teurer, imposanter, höher diese Fassade ist, desto armseliger gestaltet sich der Raum dahinter. Eine traurige Einsicht, fand ich, und hielt das Bild dennoch in mir fest.

Ich hatte es nicht geschafft, auch wenn andere das dachten. Jener innere Raum füllt sich nicht durch 70 Stunden Arbeit in der Woche, nicht durch Aktionismus, Designermöbel im Büro und den BMW vor der Tür. Freunde hatten mich schon viel früher gewarnt, und es gab auch damals bereits meterweise Bücher über den wirklichen Sinn des Lebens. Als nette Lektüre habe ich sie sogar gelesen, aber sie haben mich in der Tiefe meines Bewusstseins nie berührt. Das war plötzlich anders. Denn diese Einsicht war völlig losgelöst von fremden Ratschlägen. Sie krabbelte in mir hoch, vom Bauch durchs Herz in den Verstand, und pochte immerzu: „Ich habe nicht das Leben gelebt, das ich wollte." Mir wurde übel – und doch war es eine Sternstunde des Glücks, denn ich startete neu auf einem Weg hin zu mir selbst.

Außen golden, innen hohl

Erfolg und Ansehen sind keine Garantie für Zufriedenheit und Glück im Leben. Das habe ich an jenem Montagmorgen vor über 25 Jahren in einer der schönsten Hamburger Straßen schmerzlich gespürt. Was meine ich damit?

Ich fuhr wie auf Schienen durch mein Leben, dachte, ich müsse einem Fahrplan folgen, den andere entworfen hatten als einen Plan für Erfolg. Er mochte sich millionenfach bewährt haben, mochte für viele Menschen ein Traumziel bieten, für mich war er anstrengend und einengend geworden. Ich wollte raus aus dieser Spur, wollte die Weichen verstellen. Aber wo war der Hebel, um das Tempo zu drosseln? Wo war eine Haltestelle, um auszusteigen, um wieder die Weite im Leben zu erkennen und die Stille zu atmen? Wo war mein vergessener Zukunftsplan? Ich suchte eine andere Art der Freiheit, die kein Coupé, kein Goldschmuck, keine feine Adresse auf der Visitenkarte versprechen kann. Langsam, ganz langsam blubberten meine Ideen aus Kindertagen wieder an die Oberfläche. Ich spazierte ein Stück diese schöne Straße entlang, fand eine Bank und tat etwas, das mir viele Jahre nicht mehr in den Sinn gekommen war: Ich setzte mich. Am helllichten Tag, zur besten Arbeitszeit. Ich streckte die Beine weit von mir, sah in den Himmel und ließ meine Gedanken ziehen wie die Wolken über mir. Welch ein Luxus. Ich begann meine Zukunft umzudenken. Was anfangs nur ein Gedankenspiel war, nahm Konturen an. Ich saß lange auf dieser Bank.

Stellen Sie sich vor, Sie bauen sich Ihre ideale Zukunft auf. Sie sind der Architekt, der über Fassade und Raumgestaltung entscheidet. Sie überlegen sich, wer Sie in 10 oder 20 Jahren sein wollen, wie Sie leben wollen – und malen sich das Bild bunt und detailreich aus. Dann setzen Sie sich, so wie Sie es vermutlich gelernt haben, für die nächsten fünf Jahre Zwischenziele. Die sollen Sie zu diesem idealen Ich führen. Voller Ehrgeiz, Disziplin und Engagement marschieren Sie los. Jeden Tag nähern Sie sich Ihrem Ziel ein wenig mehr: Sie schließen Ausbildung oder Studium zügig ab, gehen zur nächsten Stufe über, schichten Ihre Berufstätigkeit genau so auf, wie es Ihrer Vision entspricht, schließen brav Bausparvertrag, Lebensversicherung und Co. ab – und haben nach einigen Jahren Ihre Ziele erreicht oder sogar übertroffen. Ja, Sie sind dort angekommen, wo Sie ankommen wollten.

Und dann? Das Gefühl der Zufriedenheit stellt sich nicht ein, denn dieses Ziel ist nicht wirklich Ihr Ding. Wenn Sie jetzt einen Moment stehen bleiben, den Blick nach innen richten, dann werden Sie wahrnehmen: Das Erreichte fühlt sich sogar fremd an. Ein erschütterndes Gefühl. Und doch eine Alltäglichkeit.

Stephen Covey, Bestseller-Autor, Unternehmens- und Lebensberater, beschreibt in seinem Buch „7 Wege zur Effektivität"[1] dieses Phänomen des Ankommens ohne Gefühl von

Glück. Dazu interpretiert er Veröffentlichungen der vergangenen 50 Jahre und stellt fest: „Sie bezogen sich auf die Wahrnehmung des sozialen Images, boten Techniken und Patentlösungen – soziale Pflaster und Aspirin für akute Probleme. Manchmal half dies sogar vorübergehend, aber die grundlegenden, chronischen Wunden schmerzten weiter und brachen immer wieder auf." – Eine „Image-Ethik" also, die uns fortführt von unserem Ich und hin zu den Diktaten anderer. Er wäre nicht Covey gewesen, hätte er hier den Schlusspunkt gesetzt. Als Professor für Business-Management wollte er den wahren Grund für Glück und Erfolg erforschen. Er nahm sich ältere Texte vor, verglich Charakterstudien, die vor mehr als 150 Jahren erschienen waren. Und was er las, erinnerte an Tugenden, die wir heute unter ihrem Staub kaum noch sehen – und doch liegt darunter der Schlüssel zum spürbaren Glück. Es war, so Covey, „die Charakter-Ethik als Voraussetzung für Erfolg; sie basiert auf charakterlichen Eigenschaften wie etwa Integrität, Demut, Treue, Mäßigung, Mut, Gerechtigkeit, Geduld, Fleiß, Einfachheit und Bescheidenheit." (ebd. 2013, S. 27)

Wie oft tappen wir in die Falle der „Image-Ethik", anstatt die Persönlichkeit strahlen zu lassen? Wie oft verbiegen wir uns, um anderen zu gefallen, weil wir dieses Muster verinnerlicht haben? Image aber ist ein Lack, unter dem das innere, das wahre Glück erstickt. Auch ich bin nur einer Idee hinterhergelaufen, die wie Erfolg aussah, und baute eine Fassade, die eigentlich nichts mit mir selbst zu tun hatte. Ich hatte mich verloren über die Jahre. Das schmerzte.

Auf dieser Bank in Hamburg überklebte ich den Schmerz nicht mit einem Pflaster. Ich ließ ihn zu, indem ich meine Gedanken genau darauf fokussierte und der inneren Stimme endlich wieder zuhörte: Ich hatte meinen Ehrgeiz, mein Talent und meine Fähigkeiten investiert, um etwas aus mir zu machen –

war stattdessen aber wie zersplittert: außen der erfolgreiche Unternehmer, innen mehr ein kleines, hilfloses Kind. Das war der Moment, in dem ich realisierte: Erfolg im Außen ohne innere Erfüllung ist kein Reichtum, sondern Armut. Ich hatte nach einem Schlaraffenland gestrebt und drohte innerlich zu verhungern. Was war meine Motivation zu diesem Leben? Der Grundstein lag in der Kindheit, und es erfordert Mut, diesen wieder freizulegen und zu betrachten, denn niemals wieder sind Menschen so verletzbar wie in ihren ersten Lebensjahren.

In meiner Kindheit in den 1950er Jahren war in meiner Familie – anders als bei manchen Klassenkameraden – das Geld stets knapp. Wir sparten und verzichteten, andere schienen im Überfluss zu leben. Sie bauten sich ein Unternehmen auf, waren angesehene Geschäftsleute, sie strahlten für mich Sicherheit aus. So habe ich mir gemerkt: Wenn du dir ein Geschäft aufbaust, ist es wie im Schlaraffenland, alles ist immer ausreichend da. Man kann sich sinnbildlich unter die Bäume legen, den Mund öffnen und eine Frucht fällt hinein.

Gehirnforscher betonen: Was Kinder erleben, das bleibt nie ohne Wirkung. Denn in diesen ersten Lebensjahren formieren sich die Gehirnstrukturen, entsteht die neurobiologische Grundlage, auf der wir denken und handeln – es wächst die Sprache zwischen unseren Zellen, und tief darin wohnt unsere Seele. Vor diesem Hintergrund ist es eine logische Folge meiner Prägung, dass ich später immer wieder zu meiner Frau sagte: „Nur noch dieses eine Invest. Das brauchen wir. Dann sind wir durch." Waren wir nicht. Wir investierten weiter, immer hoffend, das Ende der Spirale sei erreicht. Diese Idee treibt viele scheinbar erfolgreiche Menschen, insbesondere die sogenannten Superstars. Sie hecheln den Auszeichnungen hinterher – einmal noch gewinnen, und dann ist die Karriere gesichert. Ein Trugschluss. Das Schlaraffenland gibt es nicht. Es ist ein Bild aus der Kindheit, ein Märchen zum

Festklammern. Wer hofft, es werde Wirklichkeit, wird früher oder später desillusioniert. „There is no free lunch", sagen die Amerikaner. Richtig. Nichts ist umsonst. Das Leben läuft nicht linear. Das Drehbuch sieht vielmehr Stolpern und Aufstehen, Enttäuschung und Freude vor und nicht die Sattheit unter Bäumen. Leben bedeutet: sich bewegen, sich anstrengen, Grenzen überwinden, sich spüren bis in die einzelnen Zellen hinein. Reichtum ist ein Gefühl – und kein Kontostand.

Wenn ich von Reichtum spreche, denke ich nicht nur an Vermögen, sondern an alles, was wir besitzen, was wir uns erarbeitet haben, und darüber hinaus an alles, was wir sind mit unseren Genen und Prägungen, mit unserer Persönlichkeit. Mit dieser Sichtweise erhält Reichtum einen dualen Charakter aus äußerlichen und innerlichen Werten. Die äußerlichen Merkmale sind messbar. Vom Einzelnen bis zur Gesellschaft. Ich denke an Titel, Ehrungen, Arbeitsergebnisse genauso wie an Häuser, Autos, Luxusgüter. Ich denke an die Summe aller geschriebenen Rechnungen in Unternehmen, an Produktvielfalt und Dienstleistungen und somit an das Bruttoinlandsprodukt, über das sich der gesellschaftliche Wohlstand definiert. Ich rede darüber hinaus von den Paradigmen eines gesellschaftlichen Glücks, die die Vereinten Nationen seit nunmehr 25 Jahren in ihrem „Report über die menschliche Entwicklung" veröffentlichen. Dort fügen sich Bildung und die Aussicht auf ein langes Leben zum finanziellen Reichtum hinzu. Und in diesem Kontext spielt der Schutz unserer Erde, die intakte Umwelt, in der wir uns bewegen, eine immer wichtigere Rolle für das Wohlergehen. In Zeiten von Katastrophen und Krisen schält sich zudem ein Wert heraus, den wir im Alltag vergessen, der aber in schwierigen Zeiten überlebenswichtig sein kann: Resilienz.

Es ist ein Wort für eine innere Stärke, getragen von Disziplin und Demut. Es ist die Gabe, sich in Krisen wieder aufzurichten.

Egal wie schwer die Umstände wiegen, egal wie hart Schicksalsschläge treffen. Resilienz befähigt einen Menschen, sich einen Satz zum Festhalten zu formen: „Was immer mir genommen wurde, welche materiellen Güter auch immer zerstört wurden, eines ist mir geblieben: das Leben. Ich kann mich weiterhin für meine Wünsche und für die Bedürfnisse der anderen einsetzen." Mit dieser Haltung wird Resilienz ein nationales, ein weltweites Anliegen, denn im Blick auf die Katastrophen in der Welt kann dieser eine Satz ungemeine Kräfte bündeln, um selbst den schlimmsten Auswirkungen die Stirn zu bieten. „Um die Bürger auf eine weniger risikoanfällige Zukunft vorzubereiten, muss die intrinsische Widerstandskraft der Gemeinwesen und Länder gestärkt werden", heißt es im Vorwort des aktuellen Berichtes[2], und ich füge aus Überzeugung hinzu: Diese Widerstandskraft beginnt beim Einzelnen, jeden Tag, jede Woche, jedes Jahr – ein Leben lang.

Anders als in vielen Ländern dieser Erde muss in Deutschland niemand verhungern, unter der Brücke schlafen oder um medizinische Hilfe bangen, weil Rechtssicherheit, Gesundheits- und Sozialsysteme zu den politischen Grundlagen zählen. Auch wenn sie nicht optimal funktionieren: Es gibt sie! Niemand fällt durch ein Netz ins Bodenlose. In einem Land wie Deutschland, Österreich oder der Schweiz können Menschen unter Hunderten Berufen wählen, können entscheiden, ob sie in einer hetero-, homo- oder bisexuellen Beziehung leben, ob sie angestellt oder selbständig arbeiten wollen, ob sie ein eigenes Unternehmen gründen oder aussteigen und nach Brandenburg, Bombay oder an den Baikalsee ziehen wollen. Alle Türen stehen offen. Jeder kann aus sich und seinem Leben machen, was er will. Vom Tellerwäscher zum Millionär. Der Mythos ist allgegenwärtig, und diese Freiheit zählt zu den kostbarsten Geschenken.

Doch dieser ganze Reichtum an Möglichkeiten und Chancen führt merkwürdigerweise nicht zu mehr Lebensglück.

Studien diverser Krankenkassen belegen, dass die Zahl der psychischen Leiden wächst, allen voran die Depression. Diese Ergebnisse nähren die Tatsache, dass über 67 Prozent der deutschen Arbeitnehmer Dienst nach Vorschrift leisten und dass 17 Prozent innerlich gekündigt haben. Bei diesen Zahlen fällt es schwer, von Wohlergehen und Erfüllung zu sprechen. Vielmehr drängen sich das innere Leid, die innere Zerrissenheit der Menschen in den Fokus. Das ist kein Paradies.

In den reichen Ländern der Erde definiert sich Armut anders. Wenn das Leben nach außen hin glatt, vielleicht sogar erfolgreich wirkt, die innere Zufriedenheit aber nicht fühlbar ist, dann ist das für mich die andere Seite der Armut. Dann bedeutet Armut nichts anderes, als „arm an Mut" zu sein.

Mut bedeutet, an sich zu glauben. Sich zuzutrauen, anders zu sein, einen Weg abseits der Schienen zu finden. Ich war damals nicht mutig. Ich lief perfekt auf den von der Gesellschaft gelegten Schienen, studierte, arbeitete und stellte diesen Rhythmus nicht in Frage. Ich habe die Bank reich gemacht, gearbeitet für Vergängliches, und kompensierte doch nur die innere Leere. Aus diesem Dilemma entsteht wohl die Sehnsucht nach einem Schlaraffenland. Wir schaffen uns dieses Bild, um wenigstens die Hoffnung aufrechtzuerhalten, nicht am falschen Platz zu kämpfen. Bei Reichtum glauben wir, wir können uns diese Türe selbst öffnen. Bei Armut, mangelndem Mut, hoffen wir, dass andere diese Verantwortung für uns übernehmen. Im wahren Paradies aber leben wir in voller Eigenverantwortung. Der Sinn dafür entsteht in der Kindheit. Dort beginnt der innere Reichtum.

Von Kindesbeinen an

Wie wächst ein Kind auf? Nachdem es den ersten Schrei in diese Welt gebrüllt hat, wird es gemessen, gewogen, bewertet. Per Apgar-Score ermitteln die Mediziner nach der ersten, fünften und zehnten Lebensminute die Körperfunktionen. Die Note 10 ist die beste. Gut gemacht. Alle sind zufrieden. Was folgt, ist Programm: Die Mutter versorgt das Baby mit Nahrung. Wenn es stark genug ist, macht es die ersten Schritte. Wenn es den Drang verspürt, sich auszudrücken, sagt es die ersten Wörter. Kurz darauf sind Stuhl, Gras, Regenwurm, Treppe oder Stift und Zettel die große, weite Welt. Jeden Tag gibt es eine neue Entdeckung. Das kleine Kind darf tun, was Freude macht. Spielzeit. Das erste klimpert auf dem Xylophon, das zweite schraubt die Armaturen im Bad auseinander, und das dritte pantscht im Garten mit Wasser und Sand.

Mit sechs Jahren wird es ernst. Dem Kind wird ein Ranzen auf den Rücken geschnallt. Schulzeit. Auf dem Stundenplan stehen Lesen, Schreiben, Rechnen. Aber niemand fragt das Kind, ob es lesen, schreiben oder rechnen will. Wichtiger als der Wille ist die Note, sie spannt den Bogen von eins bis sechs, und damit wird das Kind wieder bewertet, damit erhält es ein Urteil zwischen Obolus oder Hausarrest.

Einige Jahre später stehen die großen Lebensfragen im Raum. Was tun, damit aus dem Kind was wird? Studium oder Ausbildung? Einzig die Bildung bestimmt die Chancen auf dem Arbeitsmarkt, lautet die Maxime. Ein guter Schulabschluss ist das Mindeste. Alles unter Abitur ist zweite Wahl. Was der Jugendliche wirklich will, spielt bei der Zukunftsfrage keine Rolle mehr. Vergessen ist, was einst begeisterte: die Schrauben, das Xylophon, der Zettel und der Stift. Wenige nur erinnern sich an diese Kindesherrlichkeit, als sie sich diesen Dingen widmeten und dabei Zeit und Raum vergaßen, weil etwas entstand, das sie erfüllte – ein Flow der Seligkeit. Vorbei.

Es geht um die nächste Weiche. Die andere stellen. „Folgen"
lautet die Devise. Das Leben ist kein Spiel. Oder doch? Glücklich ist, wer an dieser Stelle den ersten leisen Zweifel spürt.
Die meisten aber hetzen ihn nieder. Es geht weiter, immer den
Erwartungen der Eltern, der Schule, der Gesellschaft nach.
Und so steht dann mit 20 Jahren ein junger Erwachsener da,
dessen Ziel es ist, ein hervorragendes Examen hinzulegen. Für
einen Wisch mit „Summa cum laude" und einem Stempel, für
eine Berufsbezeichnung wie Jurist, Ingenieur oder Mediziner.
Und die Familie applaudiert. Erst einmal. Rund zehn Jahre
später wundern sich die Eltern aber, dass ihr Sohn, ihre Tochter in der Sinn- oder Identitätskrise steckt.

Diese Krisen haben ihren Ursprung darin, dass der
Mensch früh in seiner Sozialisation durch Erziehung, Schule,
Ausbildung oder Studium von seinem Weg abgekommen ist.
Er hat äußerliche Erfolge gesammelt und Bewunderung erfahren – aber sein eigenes Naturell verraten. Die innere Armut
kommt schleichend. Wenn der Applaus ertönt, dann ist die
Entfernung vom eigenen Kern bereits groß. An diesen Kern
zurückzugelangen ist umso schwieriger, je tiefer er begraben
ist und je weiter die Erinnerung an ihn zurückliegt.

Ein mir bekannter Psychologe versucht bei seinem neun-
jährigen Sohn genau diesen Kern zu erhalten und ihn nicht mit
seinen eigenen Wünschen und Erwartungen zu überdecken. Er
ahnt: Der Sinn liegt in einem anderen Umgang mit Lob.

Wenn Daniel, sein Sohn, mit einer guten Schulnote nach
Hause kommt, nickt er ihm freundlich zu. Mit überschwängli-
chem Lob aber hält er sich zurück. Kinder nehmen nicht nur
die Freude der Eltern über die erbrachte Leistung wahr, betont
der Psychologe. Sie denken nicht nur: „Oh, Papa freut sich
über meine Zwei in Mathe." Sondern sie fürchten gleichzeitig:
„Wenn ich keine Zwei in Mathe schreibe, dann hat Papa mich
nicht mehr lieb." Sie leiten aus einem überschwänglichen Lob
eine allgemeine Regel ab: „Bin ich gut in der Schule, dann

haben meine Eltern mich lieb. Je besser ich in der Schule bin, desto lieber haben sie mich. Bin ich also schlecht in der Schule, ist die Liebe nicht sicher."

Hintergrund dieser Selbstdisziplin meines Freundes ist also die Vorsicht, bei Daniel nicht die Verknüpfung von Leistung und Liebe entstehen zu lassen. So schaut er nach Gelegenheiten, wenn sein Sohn entspannt ist, nichts leistet, um dann zu ihm zu gehen und zu sagen: „Ich liebe dich." Das ist ein Geschenk. Liebe, gerade Elternliebe, soll bedingungslos sein. Der Autor und Gesellschaftsforscher John Demartini brachte diese Weisheit auf den Punkt: „Gleich was du getan oder nicht getan hast, du bist es wert, geliebt zu werden."

Dass wir aufwachsen, ohne die Trennung zwischen Sein und Verhalten zu verinnerlichen, ist eines unserer Hauptprobleme im Leben. Daraus ergeben sich viele Fehlleitungen. Wie war es bei Ihnen zu Hause, gab es da auch solche Formulierungen wie „Du bist ein böser Junge", „Du bist ein braves Kind", „Du bist ein liebes Mädchen" usw.? Wer hat schon in seiner Kindheit gehört: „Ich liebe dich und werde dich immer lieben, aber dein Verhalten, das ist nicht o.k."? Auf diesem Wege kann der Kontakt zu unserem Inneren, zu unserem Kern verschlossen werden. Das belegt ein Versuch, den Wissenschaftler an der Harvard-Universität initiierten:

Sie teilten die Kinder in drei Gruppen ein.

Den Kindern der ersten Gruppe gaben die Wissenschaftler Malstifte und Papier mit den Worten: „Wer ein Bild malt, der erhält dafür eine Urkunde."

Die zweite Gruppe erhielt Utensilien – und für das fertige Bild generell eine Urkunde.

Die dritte Gruppe erhielt lediglich Stift und Papier.
Alle Kinder malten.

Einige Wochen später wurden die gleichen Gruppen wieder zusammengebracht. Auf den Tischen lagen Stifte und Papier. Es gab keine Vorgaben, keine Versprechungen.

Wie verhielten sich die Kinder?

Die erste Gruppe malte nicht mehr. Die Kinder verbanden Malen mit Leistung, mit einer Urkunde für das Ergebnis – nicht mit innerer Freude. Sie dachten: „Ohne Urkunde male ich kein Bild."

Die zweite Gruppe malte und hatte Spaß. Die Kinder waren auf die Urkunde nicht konditioniert.

In der dritten Gruppe malten die Kinder, einfach so, aus Freude, wie gehabt aus innerem Anlass. Nicht die Leistung, nicht die Urkunde waren die Motivation, sondern das Gespanntsein auf Farbe, Formen, auf das Bild, das entstand.

Es gibt viele ähnliche Versuche, auch in der Verhaltungsforschung für Erwachsene. Sie alle belegen, dass die Beziehung zur intrisischen Motivation sich verliert, wenn der Leistungsaspekt leitet. Dieses Faktum scheint in der Unternehmenswelt noch nicht angekommen zu sein. Denn Manager operieren gerne mit Lob und Versprechen. Dahinter jedoch steht nicht die Anerkennung der Person, sondern das Fordern von Einsatz, von Leistung. Es geht um Profit, nicht um Persönlichkeit. Hier beginnt für mich die Manipulation, und es entsteht die Gefahr, dass Mitarbeiter innerlich leer werden.

Dieses Muster aus Lob für Leistung kennt nahezu jeder Mitarbeiter. Er erlebte es als Kind, als Jugendlicher, durch Eltern, Lehrer, Ausbilder. So kann es sein, dass dieses Kalkül der Manager dem Mitarbeiter eine Zeitlang ein Lächeln entlockt. Es mag sein, dass er sich anstrengt, einzig um den alten Glaubenssatz zu bestätigen, der da lautet: „Wenn ich fleißig bin und eine gute Leistung zeige, dann werde ich gelobt und geliebt." Aber Achtung: Selbst gutgemeinte Incentives treffen niemals den Kern der Motivation, auf Dauer führen sie zu Fehl- und Schlechtleistungen oder gar zu einer Verweigerung. Betrachten wir die Stürze in der Wirtschaft, so stellen wir fest: Profitdenken tötet jeglichen Unternehmenssinn. Die Folgen beeinflussen die Wirtschaft, die Gesellschaft und jeden Einzelnen. Sie enden in einem Lippenbekenntnis: „Ich bin das, was ich leiste." So entsteht eine Leistungsgesellschaft, manipuliert statt selbstmotiviert.

Sie erinnern sich an die Bankenkrise, die sich zur Weltwirtschaftskrise 2009 entwickelte? Diese Bankenkrise beruhte im Wesentlichen auf dem Hochschaukeln von Boni. So hat sich das Finanzwesen von der Realwirtschaft abgelöst. Denn im Denken der Banker gab es keine Werte mehr wie Vertrauen, Glaubwürdigkeit und einen perspektivischen Blick auf Erfolg. Es gab nur noch den kleinsten Denkradius – und der drehte sich ums Hier und Jetzt, ums Geld.

Angst zu sterben

Zürich, Bankenviertel, 2010. Hinter den altehrwürdigen Fassaden geht es hektisch zu. Junge Typen in Armani-Anzügen rennen durch die Säulenhallen. Immer den Blick auf die Aktienindizes gerichtet. Die zucken wie Fieberkurven auf den Bildschirmen. Ein, zwei Punkte nach oben – und schon ein paar Millionen gewonnen. Das macht atemlos. Ein kurzes Zögern und: Peng! Plötzlich kracht die Kurve nach unten. Der Millionendeal ist geplatzt. So geht es weiter. Rauf, runter, rauf, runter. Nichts für schwache Nerven. Dann dreht der Kurs endgültig ins Minus. Jetzt steigt auch beim Händler die Nervosität. Am Ende des Tages die Bilanz: Millionenverlust. Das ist hart.

Mit dem Crash im Investmentbereich gab es viele verlorene Ichs. Die jungen Armani-Träger brachen zusammen, denn innerlich fehlte ihnen der Halt. Sie waren trainiert auf

Leistung und Belohnung, nicht auf Resilienz. Da half oft nur noch eins: die schnelle Eingreiftruppe. Ein Team aus Psychologen eilte den Investmentbankern zu Hilfe, um Schlimmstes zu verhindern, damit sie in der Krise der Karriere nicht auch die persönliche riskierten. Diese Psychologen wussten: Der Hautwiderstand der Banker war dünn, wenn es um den eigenen Verlust ging. Selbst ein Bonus von fünf Millionen statt der erwarteten zehn konnte zum Drama werden. Denn es ging nicht um die Kaufkraft, sondern um die Frage nach dem Selbstwert: „Ich bin nicht mehr o.k., wenn ich nur die halbe Leistung bringe." Wenn der Applaus fehlt – ob bei Bankern oder Superstars –, dann bricht ein fiktives Ego in sich zusammen. Dieses Gefühl ist existentiell, es hat den Klang von Tod.

Auch ich kämpfte damals mit dieser Angst in mir, als ich ausstieg. Zu jener Zeit arbeitete ich nicht einfach als erfolgreicher Unternehmer und Rechtsanwalt, beschäftigte nicht 20 Mitarbeiter, besaß nicht einen großen Firmensitz an der Alster, fuhr nicht ein Luxusauto, speiste nicht in Sternerestaurants, lebte insgesamt nicht im Luxus. Nein, ich war all dies. Ich, Wolfgang Sonnenburg, war diese Fassade, spielte diese Rollen. Das alles aufzugeben, bedeutete zu sterben. Denn was blieb, war zunächst ein großes Nichts – und doch deutete sich etwas an, das ich als eine vage Hoffnung vernahm, es mag ein Hauch von Selbst-Vertrauen, Selbst-Bewusst-Sein, Selbst-Achtung gewesen ein. Rückblickend war es nicht mein Tod, sondern die Entscheidung zu leben.

Erinnern Sie sich an den Tod des deutschen Unternehmers und Milliardärs Adolf Merckle? Durch die Finanzkrise hatte auch sein Imperium Einbußen erlitten und er verzockte sich dann noch an der Börse. Dies bedeutete nicht den finanziellen Ruin, aber einen Imageverlust als erfolgreicher Unternehmer. Aus seiner Sicht mag die von ihm erbaute Fassade ihre Pracht verloren haben. Das rief Todesängste in ihm hervor, und er folgte leider einem tragischen Impuls: Er stürzte sich 2010, inmitten der Krise, vor den Zug. Aus Scham, aus einer Kurzschlusshandlung, aus der verlorenen Fähigkeit, einen Schritt zur Seite zu setzen und sich aus einer anderen Perspektive selbst zu beobachten.

In den Medien schlug sein Fall hohe Wellen, der Selbstmord war schwerlich nachvollziehbar. Für ihn waren diese erlittenen Finanz- und Imageverluste so schmerzhaft, dass er nicht erkannte: Egal wie ein Reichtum sich schmälert, egal wie die Fassade bröckelt, was am Ende geblieben wäre, wäre das Leben gewesen. Doch irgendwann hatte er sich, sein Wesen, verloren und verleugnet. Eine Trennung zwischen seinem Unternehmen und seiner Person gab es nicht mehr. Die Gefahr für sein Unternehmen war die Gefahr für sein Ego. Das Schlimmste an der Tragik: Alles war ein Irrtum, heute steht die von seinen Kindern übernommene Unternehmensgruppe erfolgreich da.

Einzelhaft

Wenn ein Mensch stirbt, dann nimmt er sein Lachen, seine Tränen, seine Ängste und Hoffnungen mit. Alles, was die Persönlichkeit aus Verstand und Gefühl, aus einer schier unendlichen Gedankenwelt prägte, alles erlischt. Wenn ein Mensch stirbt, dann verschwindet ein ganzer Kosmos. Mit einem Schlag ist diese Welt ärmer. Manchmal aber erfolgt dieser Abschied schleichend. So wie bei Marlene Dietrich. Sie lud den Tod in ihr Pariser Appartement ein, indem sie die Öffentlichkeit ausschloss. Sie versteckte ihr Alter, ihre Krankheit, sie baute sich eine Fassade aus einer Illusion. Der Illusion ewiger Schönheit, ewigen Ruhms. War einst die ganze Welt ihre Bühne, so applaudierte ihr am Ende niemand. Ihr Raum wurde klein und kleiner, schrumpfte auf ein Format von 1,20 Meter mal 2,40 Meter – Marlene verließ 13 Jahre lang ihr Bett nicht mehr. Dort trank, aß, las und schlief sie. Das war ihr Schutzwall vor dem Altern, vor der Häme der anderen. Dafür entschied sie sich, gemeinsam mit dem Tod, denn der ist mitunter ein geduldiger Geselle. Marlene Dietrich wollte aus ihrem Kosmos einen Mythos machen. Es gelang ihr, aber der Preis war hoch.

Sie war eine Frau mit Charisma. Endlos lange, schlanke Beine. Wespentaille. Eine Haut wie Alabaster. Rauchig-erotische Stimme, dazu ein geheimnisvoller Blick hinter langen Wimpern.

Männer liebten ihren Sex-Appeal, Frauen bewunderten ihre Extravaganz. Und ihre klare, abweisende Haltung, Nazideutschland den Rücken zu kehren, verlieh dieser Frau einen Nimbus.

Als Sängerin Lola verdrehte sie in „Der blaue Engel" 1930 ihrem Kinopublikum den Kopf. Von da an ging es steil bergauf mit der Karriere: An der Seite von James Stewart in „Der große Bluff" gelang ihr der internationale Durchbruch, sie landete auf dem Gipfel des Filmolymps, in Hollywood. Von dort oben steigerte sie den Takt des Erfolges, und die Glanzleistung in der Billy-Wilder-Inszenierung „Zeugin der Anklage" beeindruckt bis heute die Filmbranche. Es schien, als wären Schönheit, Ruhm, Talent und Glück die Ingredienzen ihres Lebens. Das sollte sich ändern.

Marlene Dietrich war 73 Jahre, bereits gezeichnet vom Alkohol, als sie stürzte. Von der Bühne in den Orchestergraben. Oberschenkelhalsbruch. Die schönen Beine trugen sie nicht mehr ohne Krücken. Sie litt, stemmte sich gegen das Schicksal und trat 1978 noch einmal vor die Kamera. Dieser Film mit David Bowie mutete wie eine Verzweiflung an: „Ich bin noch begehrenswert, verführerisch, so wie damals." Die Visagisten taten ihr Bestes, trugen Schicht um Schicht von Schminke auf, um die Falten zu verspachteln – heraus kam eine Maske. Bewegungslos. Hoffnungslos. Sich klammernd an eine Rolle, die ihr nicht mehr entsprach.

Dieser letzte Film wurde ein Flop. „Schöner Gigolo, armer Gigolo" war wie eine Parodie auf eine einstige Diva. Doch die Kritik der Medien rüttelte sie nicht auf, sondern schlug sie in die Flucht. Marlene verschwand endgültig in der Avenue Montaigne 12, in ihrem Appartement, in ihrem Bett. Die Begleiter durch diese Tristesse waren Alkohol, Tabletten und dunkle Gedanken. Marlene hatte nicht verstanden, dass die Schönheit des Alters anders strahlt. Die braucht keinen atemberaubenden Augenaufschlag, keine inszenierte Erotik.

Die braucht Falten und eine Blässe. Die kommt in sanfter Balance von innen daher.

Wie anders wären ihre letzten 13 Jahre verlaufen, hätte sie am Montmartre die Nase in die Sonne gehalten, das Kinn in die Pariser Luft gestreckt, hätte sie ihre Lebenslinien im Gesicht der Welt gezeigt. Hätte sie gedacht: „Ich bin dankbar, demütig gar, für das, was ich erschaffen habe." Diese Denkweise hätte ihre Lebensqualität entscheidend verbessert. Stattdessen war sie bereit für eine Lebenslüge.

Ich kenne viele Marlenes, Menschen, die Ruhm und Ehre erreichten – und doch unglücklich sind. Wenn Sie diese Menschen aufmerksam betrachten, bemerken Sie deren Aura der Rastlosigkeit: immer auf der Jagd nach dem nächsten Schatz, um eine innere Leere mit einer Anerkennung von außen zu füllen. Anselm Grün, spiritueller Mönch und Autor, verfasst reihenweise Bücher zu diesem Thema. Dass sie Long- und Bestseller sind, zeigt, wie groß die Sehnsucht seiner Leser nach Authentizität ist. Nur in diesem Zustand können wir uns pur erleben. Ohne Schminke. Ohne die große Inszenierung auf einer Bühne. „Wer in Berührung ist mit seinem Selbst, der ist unabhängig von der Meinung der anderen. Er findet zu sich selbst, zu seiner eigenen Würde. Und er wird fähig, bei sich zu bleiben, es bei sich auszuhalten", so Anselm Grün. (2013, S. 25)[3]

Auch Earl Nightingale, US-Radiokommentator und Unternehmer, verstand es, Menschen zu motivieren, aus ihrem Leben das Beste zu machen. Für sich selbst und für die Gesellschaft. Das war seine Botschaft. Für ihn war Erfolg eine stetige Aufgabe, in sich hineinzuhorchen und die Signale anzunehmen. Nicht Rastlosigkeit, sondern das bewusste und stetige Setzen der Schritte zählte für ihn: Erfolg sei die fortschreitende Realisierung eines wertvollen Ideals. Jeder Gedanke, jede Handlung, alles, was wir sind und tun, hat Folgen. Wenn wir dies verstehen, dann erkennen wir, dass wir zu 100 Prozent folgenreich sind. Was wir gestern gesät haben, ist unsere Ernte von heute. Mit dem Wissen um diese Kausalität kann ich die volle Eigenverantwortung annehmen, kann ich das Feld der Illusionen verlassen. Eine kraftvolle Vorstellung: Ich beginne für mich zu säen, weil ich die Folgen als einen Prozess des Wachsens erwarte. Ich höre auf, den Ergebnissen die größte Bedeutung beizumessen, richte stattdessen meinen Fokus auf meine Fähigkeit, den Samen zu streuen und den Acker zu pflegen. Ich vertraue auf die Wirkung des Naturgesetzes.

Freiheit ist niemals bequem

Vor diesem Hintergrund mutieren Streiks und Demonstrationen zu Aktionismus: Sie werden zu einem Handeln gegen die Wirkung, zu einem Versuch, Nichtgesätes zu ernten. Welcher Bauer würde gegen eine schlechte Ernte demonstrieren? Er weiß, wenn er Besseres will, dann muss er seinen Acker anders bestellen. Und mit dieser Gedankenkette landen wir mitten in der Politik, mitten in der Diskussion um den frisch etablierten Mindestlohn in Deutschland. Politiker denken hier in Wirkungen: Statt den Boden zu bereiten für Leistung, für Motivation, für Eigenverantwortung, grenzen sie die Fläche ein und versprechen einen Hungerlohn. Dafür erwarten sie sogar Wählerstimmen und Medienlob. „Wählt uns, wir verstehen euch. Wir steigern euren Lohn von drei Euro auf gesetzlich verankerte 8,50 Euro." Übersetzt in das Naturgesetz aus Ursache und Wirkung bedeutet dieses Mindestlohngesetz: „Wir halten euch in der Abhängigkeit. Oder: Ohne uns schafft ihr nicht den kleinsten Schritt zu Wachstum und Erfolg." So entstehen Gedankengefängnisse.

Ich gönne den Arbeitnehmern diesen Mindestlohn – und noch viel mehr. Aber der Weg, den die Politik geht, ist der falsche. „Mit 8,50 Euro kann man zwölf Liter Milch kaufen, ein Musikalbum bei iTunes oder vier Paar Socken. Richtig viel ist das nicht. Dennoch sollen acht Euro und 50 Cent das Land umkrempeln. Sie sollen für Gerechtigkeit sorgen, für Würde und für ein Leben ohne Armut", fasste die Redaktion von Zeit Online ihre Kritik an diesem Gesetz zusammen und spricht mir damit aus der Seele.[4]

So wird das wunderbare Naturgesetz zu einem passiven Verfahren, das den Empfängern des Mindestlohns suggeriert: „Ich warte mal ab, was die in der Politik für mich säen, das nehme ich. Nicht mehr und nicht weniger steht mir zu." Eine Selbstaufgabe. Eine Resignation vor dem Leben, ein Wegwerfen von Chancen. Freiheit entsteht, wenn man selbst in den Saattopf greift und den Reifeprozess mit allen körperlichen und geistigen Mühen begleitet. Freiheit ist nicht bequem. Sie kann zuweilen schmerzen. Aber: Sie ist das Gegenteil von Einzelhaft. Sie bedeutet, sich auf dem Feld der Möglichkeiten eigenverantwortlich zu bewegen. Und doch fühlen sich sieben Millionen Menschen gefangen in einer Realität der Armut, warten auf den Retter von außen, der für sie sät.

Stellen Sie sich einmal vor, sieben Millionen Menschen könnten ihre Kraft bündeln, sich auf ihre Fähigkeiten, ihre Energie besinnen und dieser Gesellschaft einen wirtschaftlichen Schub geben. Aber sie jammern und leiden. Warten auf Gesetze wie dieses, das den Anschein einer Befreiung bietet und doch die Tür zur Eigenverantwortung verschließt. Das ist für mich ein Verstoß gegen Artikel 1 des Grundgesetzes, gegen die Würde des Menschen. Das ist keine Freiheit.

Wie anders handelt Professor Muhammad Yunus, Banker und Friedensnobelpreisträger aus Bangladesch. Seine Idee der Mikrokreditvergabe hat Modellcharakter. Konsequent verhilft er den Armen zur Selbständigkeit. Mit Geld und aufmunternden

Sätzen. Mit Zielen und Vereinbarungen, die ein Wachstum besiegeln. Er will die Menschen in die Würde bringen. Hilfe zur Selbsthilfe. Bettler ermuntert er zum Aufbau einer Kochküche am Straßenrand. Frauen gibt er einen Kredit, um sich eine Kuh zu kaufen, diese zu melken, Käse zuzubereiten, Geld auf dem Markt zu verdienen, ihr Rollenbild zu erweitern, ihre Selbstachtung zu steigern, Respekt zu ernten, die Raten zurückzuzahlen und unabhängig zu werden. So sieht die Befreiung aus. Es ist wie ein Schubs, das eigene Potential zu leben.

Was hindert Menschen daran, dieses eigene Potential selbst zu erkennen und zu fördern?

Ein Mensch, viele Persönlichkeiten

Um das zu erklären, benutze ich in meinen Coachings das Rollenmodell der „Subpersonalities". Darunter verstehe ich Unterpersönlichkeiten, von denen jeder Mensch vielleicht viele hundert in sich vereint. Jede dieser Subpersonalities steht für eine bestimmte Rolle, die der Mensch darstellen kann. Aber die meisten entscheiden sich für nur eine dominante Rolle.

Diese Hauptrolle nimmt so viel Platz ein, dass die Nebencharaktere von der Bühne gedrängt werden. Dann ist der Investmentbanker der Karrierist, nahezu 24 Stunden täglich. Dabei schlummern noch andere Subpersonalities in ihm, die er zum Leben erwecken könnte: Zu Hause im Kinderzimmer seines kleinen Sohnes wäre er Vater und Spielgefährte, in der Küche beim Zubereiten des Abendessens wäre er Koch und später der zärtliche Liebhaber seiner Frau. Wenn er gerne Saxophon spielte, wäre er zu diesem Zeitpunkt Musiker. Und wenn er seinen Lieblings-Fußballverein im Stadion anfeuerte, wäre er in erster Linie sportbegeisterter Fan.

Der Investmentbanker ist also – um in der Theatersprache zu bleiben – ein Schauspieler, der unterschiedliche

Persönlichkeiten verkörpern kann. Damit die Auswahl und das Zusammenspiel der Rollen gelingen kann, muss der Regisseur seine Aufgaben wahrnehmen. Der dirigiert die einzelnen Charaktere, gibt ihre Einsätze vor. Maz ab, Büro, 8.00 Uhr: Der kühle Kopf, der knallharte Analytiker. Maz ab, zu Hause, Kinderzimmer, 19.00 Uhr: Der lustige Spielgefährte. Maz ab, Kneipe, 21.00 Uhr: Der verlässliche Kumpel zwischen Freunden. So weit, so gut. Der Schauspieler stellt die Rolle dar. Der Regisseur bestimmt den Einsatz. Doch woher weiß der Regisseur, wann ein neuer Einsatz erfolgt? Vom Drehbuchautor! Nur wenn der ein schlüssiges Konzept vorlegt, klappt der Ablauf. Ein Drehbuchautor schreibt also das Stück für den Regisseur und damit den Ablauf im Leben. Das ist Ihre eigene Verantwortung. Sie suchen die Worte, die Geschichten, die Erfolge im Drehbuch aus, Sie selbst ziehen Ihren roten Faden durch den Text. Viele Menschen sind sich dieser wunderbaren Aufgabe nicht bewusst, und damit erkennen sie auch ihre Subpersonalities nicht. Sie verinnerlichen einzig ihre dominante Rolle. Alle anderen bleiben im Verborgenen und führen dort ein Schattendasein. Der Mensch verdrängt seine eigene Vielfalt und presst sich selbst in eine enge Form. Er lebt sich nicht aus. Er gibt sich und seinen Potentialen keine Chance. Warum klammern sich viele Menschen an nur eine, alles bestimmende Rolle und machen ihr Leben zu einem Monolog?

Eine Frage des Chemiezustandes

Wenn ich eine Subpersonality intensiv lebe, dann gewöhne ich meinen Körper an einen Chemiezustand. Und das kann bekanntlich süchtig machen.

Mit diesen chemischen Stoffen meine ich keine Suchtmittel wie Koks, Nikotin oder Alkohol. Ich spreche nicht von rund 74.000 Alkoholtoten und von den geschätzten 24 Milliarden volkswirtschaftlicher Folgekosten, nicht vom Krebs durch

Nikotin oder von Herzinfarkten durch Koffein. Nein, ich denke an eine Sucht, die in mir, in Ihnen, in jedem Menschen steckt. Bekannt als Hormone, die unsere Körperfunktionen lebendig halten, und als Neurobotenstoffe, die unser Denken beeinflussen. Die sind unsere Sucht. Denn wir alle sind Chemie.

Schuldgefühle zum Beispiel verändern Sie chemisch. Das ist messbar. Im Gehirn und am Körper. Angst, Freude, Zorn, Überraschung, Traurigkeit, was immer Sie empfinden, es ist das Ergebnis Ihrer chemischen Mischung. Zwar können Sie diese von außen bekämpfen, zum Beispiel durch Medizin, um eine Depression zu mildern, oder durch Alkohol, um einer Traurigkeit zu begegnen. Aber die Wirkung währt nur kurze Zeit. Langfristig können Sie Ihre Chemie nur selbst beeinflussen. Durch Ihre Gedanken, durch Ihre Sprache, durch Ihr Verhalten. Das ist zunächst eine sehr tröstliche Botschaft.

Wenn Sie sich über viele Jahre in einem Stress-Zustand befunden haben, dann hat sich Ihr Körper an diesen Zustand gewöhnt. Er hat Cortisol und Adrenalin im Überfluss produziert – und auf die Bildung verschiedener Rezeptoren verzichtet, weil andere Botenstoffe wie Serotonin für Entspannung fehlten. So wurden Sie süchtig nach Stresshormonen. Die sind zu Ihrer Chemie geworden. Fragen Sie sich einmal: Wo ist Ihre persönliche Sucht? Sind Sie cholerisch? Eifersüchtig? Stressgeplagt? Lethargisch? Notorisch schlecht gelaunt? Es liegt an Ihrer Chemie. Sie können sie verändern, wenn Sie wollen. Denn Sie sind Eigentümer Ihres Körperhauses. Das Problem ist nur: Eine Sucht zu heilen, bedeutet Entzug, und der wird umso heftiger ausfallen, je stärker sich Ihre Identifikation mit Ihrer Lebensrolle verbindet.

Ich habe, als mir der Zusammenhang zwischen meiner Chemie und meinem Karrieredenken bewusst wurde, eine Nacht an Fieber und Schüttelfrost gelitten. Und das war vergleichsweise harmlos. Denken wir noch einmal an Marlene Dietrich: Sie war nicht zum Entzug bereit, das einsame, lange Sterben schien ihr die erträglichere Wahl zu sein. Die meisten Menschen werden dieses Extrem zwar nicht durchleiden, weil ihre inneren Bilder nicht derart in Stein gemeißelt sind. Aber manche werden ihr wahres Ich nicht leben, weil Selbstverleugnung zunächst einfacher erscheint als eine Veränderung. Um das zu verdeutlichen, zeichne ich noch einmal das Bild eines typischen Investmentbankers, nennen wir ihn Peter.

Peter arbeitet ständig, er macht buchstäblich die Nacht zum Tag – denn die Börse schläft nicht. „Wer mit hohen Summen jongliert", so denkt er, „hat auch eine hohe Verantwortung." Kunden, Vorgesetzte, Investoren erwarten Leistung auf Höchstniveau. Hinzu kommt, dass sein Privatleben, sofern er noch eines hat, nur am Rande stattfindet. Es kam vor, dass sein Handy auf den Stufen zur Oper klingelte, er sich mit einem Kuss von seiner Partnerin verabschiedete – und sie stehenließ. Job geht vor. Wenn ein Kunde ruft, ist der Banker zur Stelle. Das Einzige, was zählt, sind Zahlen.

Durch diese 24-Stunden-Dauerbelastung schüttet Peters Körper vermehrt Cortisol, ein Stresshormon, aus. Selbst zu Schlafenszeiten läuft die Cortisol-Produktion weiter. Gehirn und Körper finden keine Ruhe. Peter wälzt sich am anderen Morgen aus den Federn und fühlt sich angeschlagen. Sein Stresshormon-Spiegel ist bereits bei Tagesanbruch kurz vor dem roten Bereich – er steht unter Spannung, bevor der Job beginnt. Peters erster Gedanke gilt den riskanten Geschäften auf seiner Agenda – damit fügt er seiner Chemie Adrenalin hinzu. Was folgt, ist ein Dauerbeschuss der Hormone. Nun befindet sich der Organismus endgültig im Alarmzustand.

Peter ist unfähig, seine Unterpersönlichkeiten zu entdecken und einzusetzen. Er ordnet sein ganzes Leben seiner beruflichen Hauptrolle unter, nichts anderes hat in seinem Denken und Handeln einen Platz. Er ist nicht Peter und übt den Beruf des Investmentbankers aus. Er ist Investmentbanker. Die ausgeschütteten Stresshormone versetzen ihn in einen

Erregungszustand, in dem er sich zu hundert Prozent mit seiner Rolle identifiziert. Keine Leichtigkeit ist mehr möglich und keine Reflexion seines Handelns. Peter ist süchtig nach seiner Hauptrolle, mit der er Stress und Anspannung verbindet.

Wer auf die Dauer einen bestimmten Chemiezustand des Körpers spürt, hält das für den Normalzustand – und identifiziert sich damit. Aber keine Rolle, die wir spielen, sollte so stark sein, dass jemand sagt: „Das bin ich. Was anderes kann ich nicht." Ich vertrete die Position: Wir sind nicht unsere Gefühle, wir haben Gefühle!

Tanz der Marionetten

Ich vermute, Carl Gustav Jung hatte den gleichen Gedankenansatz, als er die Theorie des kollektiven Unbewussten entwickelte. Es sei der „Teil der Psyche, der von einem persönlichen Unbewussten dadurch negativ unterschieden werden kann, dass er seine Existenz nicht persönlicher Erfahrung verdankt und daher keine persönliche Erwerbung ist."[5] Diese Theorieform besagt, dass wir in ein kollektives Feld hineingeboren werden. Es mag christlich oder islamisch sein. Von welcher Kultur auch immer wir geprägt sind, wir können uns dieser Prägung nicht einfach entziehen, ohne uns dieser überpersönlichen Tatsache bewusst zu werden. Je unbewusster wir diesem Zustand gegenüber sind, desto mehr funktionieren wir wie eine Marionette an den kulturellen Fäden. Erst wenn wir uns bewusst machen, welche Kraft dieses Unbewusste auf uns ausübt, können wir entscheiden, wie viel Raum wir ihr in unserem Inneren geben wollen. Die Therapieform der Familienaufstellung basiert auf dieser Einsicht. Sie hilft zu erkennen, an welchen Fäden wir hängen und wie wir diese lockern oder lösen können.

Übertragen auf den Alltag bedeutet das: Es gibt verschiedene Stimmungs- und Spannungsfelder, an die der Mensch andocken kann – oder eben nicht. Wenn jemand beispielsweise einen Raum betritt, in dem sich eine lustige Runde aufhält, nimmt er sofort die positiven Schwingungen auf, die von diesen Menschen ausgehen. Es ist nicht seine Empfindung, aber er spürt sie, weil er das Energiefeld der anderen angenommen hat. Wenn der Hereinkommende sich dessen bewusst ist, kann er frei entscheiden, ob er sich dieser Gefühlslage ebenfalls hingibt oder seine eigenen Emotionen gestaltet. Letztendlich heißt das nichts anderes als: „Ich bin nicht meine Emotion, ich habe eine Emotion. Die kann ich meinen Subpersonalities zuordnen – oder meiner Hauptrolle. Ich habe die Wahl."

Viele Menschen wählen nicht mehr zwischen der Rolle des Regisseurs, Drehbuchautors und Schauspielers. Sie leben mit den Emotionen, die zu ihrer dominanten Rolle gehören. Bis sie sich verselbständigt. Dann gibt der innere Regisseur keinen Einsatz mehr vor, und auch der Drehbuchschreiber sieht nur hilflos zu. Alle anderen Schauspieler schweigen ebenfalls. Es gibt für sie keine Wechselbesetzung mehr, Sie können sich keine Alternativen mehr ausdenken. Wem es nicht gelingt, sich von seiner übermächtigen Hauptrolle zu befreien, der rast wie ein Schnellzug, bei dem die Bremsen versagen, immer weiter auf den Schienen voran. Wird der Zug zu plötzlich gestoppt, fliegt er aus der Kurve. Das fühlt sich an wie Sterben.

Nicht umsonst schalten die meisten in den Kampfmodus, wenn sie Gefahr wittern, demaskiert zu werden. „Ich darf nicht zulassen, dass mir die Hauptrolle genommen wird! Was bin ich denn ohne diese? Eine Null!" Sie fangen an, um ihr Überleben zu kämpfen – weil sie davon überzeugt sind, dass nur diese einzige Rolle ihr Leben ausmacht. Was entsteht, ist eine verzerrte Wirklichkeit.

Zwei minus eins

Verhaltensforscher gaben einem Affen einen Apfel und beobachteten, wie er sich freute. Das wiederholten die Wissenschaftler eine Zeitlang. Sie gaben ihm wieder und wieder einen Apfel, und der Affe biss mit immer gleicher Freude hinein.

Dann reichte man ihm zwei Äpfel – und nahm einen wieder fort. Das empfand der Affe als Verlust. Er reagierte wütend und wurde traurig, obwohl er einen Apfel besaß, so wie in seinen glücklichen Momenten zuvor. Für ihn zählte dieser eine Apfel nicht mehr. Für ihn überwog der Verlust.

Diesen Algorithmus entdecke ich auch bei Menschen, die sich auf den materiellen Reichtum konzentrieren. Wer Aktienpakete besitzt, der kennt die Ausschläge seiner emotionalen Kurve: Geht der Kurs nach oben, jubelt er, geht der Kurs nach unten, spürt er Verlust und Ärger – selbst wenn die Summe noch deutlich größer als der angelegte Betrag ist. Das Gehirn jagt Adrenalin durch die Adern: Achtung. Höchste Gefahr. Geldverlust. Dabei war dieses Geld nur für kurze Zeit theoretisch vorhanden, nur für eine Sequenz des Ausschlages auf einer Tafel sichtbar. Als Illusion im Bankengeschäft. So ticken wir. Wir straucheln durch verzerrte Wirklichkeiten, fallen auf Trugbilder herein. Wir lassen zu, dass sich unsere Chemie dunkel färbt. Wir sind aber nicht unser Konto, wir haben ein Konto.

Je unbewusster wir sind, je weniger wir uns erlauben, den morphogenetischen Feldern in uns zu begegnen und selbst zu entscheiden, wo wir andocken wollen, welche Stimmungen uns guttun, desto mehr bleiben wir Gefangene in unserer eigenen Gedankenwelt. Das verhindert die Leichtigkeit im Leben sowie die Freiheit, selbstbewusst mit den Gefühlen zu jonglieren. Wir verharren in bekannten Mustern: in unserer Körperchemie und dem kollektiven Unbewussten. Wir hängen an Fäden wie Marionetten.

Die Gruppe bestimmt – wir folgen

Menschen wachsen mehrheitlich nicht „artgerecht" auf. Selten sieht jemand hin, welche Stärken und Schwächen sie haben. Der Mensch soll funktionieren. Solange er gute Ergebnisse liefert, ist er im Geschäft. Scheitert er, fliegt er aus dem System. Während ich dieses Buch schreibe, sind in Deutschland mehr als 4,2 Millionen Menschen arbeitslos. Darunter Handwerker, Manager, Ärztinnen, Taxifahrer, Menschen, die sich einst aufmachten, diese Welt mit ihren Fähigkeiten zu bereichern. Aber sie verloren diesen Enthusiasmus, passten sich an, um in der Gruppe zu überleben. Denn die Gruppe definiert den Erfolg. – Der hat das Zehn-Millionen-Umsatz-Ziel geknackt. Applaus von den Kollegen und einen Ehrenplatz im Mitarbeitermagazin. Der hat den größten Kunden an Land gezogen. Lob vom Chef und einen Bonus zum Gehalt. Der fährt einen Porsche Cayenne. Neid vom Nachbarn und einen Gruß mit Verneigung.

So sei die Frage erlaubt: Warum keinen zehn Jahre alten Opel Corsa fahren, wenn mein Herz daran hängt? Warum nicht bei Aldi in die Regale greifen oder die Erdbeermarmelade selbst kochen, statt Stammkunde im Delikatessenladen zu sein? Warum nicht den Hype um Labels ignorieren und das verwaschene Lieblingshirt tragen? Oder umgekehrt. Dabei ist der Mix, der sich für Sie persönlich gut anfühlt, attraktiv. Doch bevor Menschen diesen Weg zu sich selbst gehen, verkaufen viele lieber ihre Seele, um gesellschaftliche Anerkennung zu finden. Dabei sind gesellschaftliche Konventionen ein Gefängnis.

Wie sehr würden wir unseren Aktionsradius erweitern, wenn wir diese Gitter sprengten. Es entstünde eine völlig neue Freiheit im Denken. Kaum jemand glaubt daran, eine Million Euro aus eigener Kraft zu verdienen. Stattdessen klammert man sich an die Illusion eines Lottogewinns aus sechs Richtigen plus

Superzahl. Und doch liegt die Wahrscheinlichkeit eines solches Tipps bei rund 1:140.000.000. Um wie viel größer ist die Chance, eine Geschäftsidee in sich reifen zu lassen, dem Ziel einer Million auf dem Konto einen Zeitplan hinzufügen, um dann loszulaufen? „Traumtänzer" ist die Antwort der anderen. Die schütteln den Kopf, und damit ist die Idee gestorben. Die Gruppe akzeptiert sie nicht, also taugt sie nicht, wo ist der nächste Lottoladen? Schade. Denn ganz am Ende des Lebens werden wir zurückblicken auf diese verpassten Ideen, die umso wertvoller waren, je mehr sie unserem Potential entsprangen. Die Krankenschwester Bronnie Ware begleitete mehr als 20 Jahre lang sterbende Menschen und schrieb über deren Reue ein Buch. Sie fand fünf einprägsame Sätze für dieses Drama der verpassten Chancen. Der erste Satz lautet: „Versäumnis Nr. 1: Ich wünschte, ich hätte den Mut gehabt, mir selbst treu zu bleiben, statt so zu leben, wie andere es von mir erwarteten." (2013, S. 61)[6]

Bevor ich mich dazu entschloss, mein Leben umzukrempeln, machte auch ich mich abhängig von der Meinung der anderen. Ich fühlte in meinem Innersten, dass ich unzufrieden war, wusste jedoch nicht, warum. Um meine nörgelnde innere Stimme zum Schweigen zu bringen, lief ich schneller, immer schneller in dem berühmten Hamsterrad. Ich ließ mir keine Zeit, zu überlegen, ob ich überhaupt derart strampeln wollte. Ich erhöhte den Takt, hechelte den vermeintlichen Erfolgen hinterher. Das erwarteten meine Partner, meine Angestellten, meine Bank. „Noch eine Firma gründen! Noch ein Jahr durchhalten, noch mehr Mandanten, noch mehr Anerkennung, noch mehr ..." In den USA nennt man das „rat race", Rattenrennen. Ich rannte, bis mir klar wurde: Auch der Gewinner des Rattenrennens ist eine Ratte.

Ich stieg aus. Ich sagte mir: „Lieber lebe ich den Rest des Lebens von Sozialhilfe, als dass ich weiter meine Seele verrate."

Ohne diese Entscheidung hätte ich mein Innerstes verraten, mein Potential verramscht, einzig für ein Lächeln der anderen. Ich wäre in meiner Einzelhaft geblieben, abhängig von anderen, unfähig zur Selbsterkenntnis. Ich hätte ein armes Leben geführt, arm an Mut, so wie die Marlenes dieser Welt.

Unterm Hammer

Zürich. Bahnhofstrasse. Ein Samstag im Sommer. Das Datum ist nicht nennenswert, denn die Szene ist die gleiche an 52 Samstagen im Jahr. Die Menschen laufen, stöckeln, schlendern durch diese Prachtstraße entlang der neobarocken Häuser. Ein Paradies für trendige, reiche Männer und Frauen. Sie alle suchen dort nur eines: Glück in Tüten. Ihre Augen flattern zwischen den Schaufenstern hin und her, nicht fähig, den Blick nach oben zu richten, denn sie würden die Mode der Begierde aus dem Visier verlieren. Und doch würden sie mit der Neigung des Kopfes um wenige Zentimeter nach oben Ornamente, Säulen, Pilaster an den Fassaden erkennen. Schönheit pur. Abbilder eines Zeitgeistes, als Architektur, Literatur, Musik endlich im Bürgertum angekommen waren. Damals in der Mitte des 19. Jahrhunderts hatten sich die Bewohner dieser Häuser vom Adel emanzipiert. Sie entwickelten Geschmack und Streitlust, wollten Einfluss nehmen auf Entwicklungen. Belletristik entstand im Literaturbetrieb, Museen waren en vogue, und man eiferte nicht länger dem Adel nach. Fand seinen eigenen Stil. Und blieben die Käufer von heute für einen Moment vor den Häusern stehen und schlössen die Augen, würde in ihnen vielleicht eine Vorstellung wach, wie es war, als Kammermusik durch die verzierten Fenster auf die Straße wehte ... Aber darum geht es nicht. Die Menschen an den Samstagen in der Bahnhofstrasse in Zürich wollen anderes, sie wollen die Einkaufstüten von Chanel, Gucci oder Versace an den Schultern spüren. Sie wollen kaufen. Also bleibt ihr Blick unten, sucht den gläsernen Eingang, den ein Sicherheitsmann bewacht. Achtung: Willkommen ist nur der Kunde mit dickem Portemonnaie. Dann tritt der Warenbewacher zur Seite mit kleiner Verneigung und scheint zu flüstern: Treten Sie ein in dieses Paradies. Es verspricht Ihnen Stoffe zum Träumen und bei Bezahlen das Glück.

Die Crux ist nur, dass solche Versprechen flüchtig sind, denn das Glückszentrum im Gehirn ist nicht auf Dauerbetrieb angelegt. Es leuchtet auf – und erblasst. Der Rhythmus verläuft in kurzen Intervallen, das ist biologisch bedingt, und kein Kaufrausch kann das verändern. Einem Hochgefühl folgt Neutralität, zuweilen Unzufriedenheit und die Frage: Wo ist das nächste Designerstück? Ob ein strassbesetztes C ein T-Shirt ziert, ob eine Rolex schwer am Handgelenk hängt, ob nach drei Stunden Einkaufsmarathon Prada-Schuhe die Blasen an den Zehen umhüllen, es spielt keine Rolle für die Chemie im Gehirn. Das weiß auch die Label-Industrie. Deshalb beschäftigt sie Marketer, Glücks- und Verhaltensforscher, um immer wieder neue Algorithmen zu erfinden, die die Wünsche im Kundenkopf wachküssen und im Flüsterton hinzufügen: „Weil Sie es sich wert sind." Das geschieht in Dauerschleife. Bis der Kunde brüllt: „Yes. Must have!" und sich erneut in die Tempel der Verheißung stürzt. Faktum aber bleibt: Durch eine übergroße Gucci-Brille auf der Nase erscheint die Welt in keinem besseren Licht. Durch einen Porsche unterm Hintern werden auf Dauer Bandscheiben und Trommelfelle strapaziert. Durch Bulgari-Ringe an den Fingern werden die Hände schwer, und der Impuls schläft ein, zuzupacken und das Leben anders zu formen.

Aber dieser Schub zum Kauf macht die Wirtschaftsmagnaten reich und reicher und die Löcher in deren Philosophie groß und größer. Am Ende sieht niemand mehr, dass die vermeintlichen Trends unter erbärmlichen, menschenverachtenden Umständen in Bangladesch, Indien oder Ungarn gefertigt werden. Luxus verwässert die innere Klarheit – und manchmal das Mitgefühl. Diese Einsicht hat wenig mit buddhistischem Verzicht auf weltliche Güter zu tun. Sie ist für mich eine gelebte Erfahrung.

Ich habe mich irgendwann, als ich die Einkaufstüten am Abend gar nicht mehr auspackte, erschrocken und mich gefragt, was im Leben wirklich, wirklich zählt. Und wissen Sie, was mir eine leise Stimme antwortete? Mein Talent und meine innere Zufriedenheit.

Manfred

Ich lernte ihn in Florida kennen. In der Nähe von Fort Lauderdale. Dort charterte ich ein Segelboot samt Kapitän, denn ich wollte hinaus aufs Meer, rüber zu den Bahamas, einfach nur relaxen. Der Kapitän kam aus Deutschland, ein Mann von 63 Jahren mit sonnenfaltiger Haut und unglaublich jungen Augen. Die strahlten mir entgegen, als er sagte: „Sie wollen nach Bimini? Steigen Sie ein. Machen wir die Reise gemeinsam. Übrigens, mein Name ist Manfred." Manfred hat mein Leben beeinflusst wie kaum ein anderer.

Auf dem Meer ticken die Uhren anders. Die Zeit entschleunigt sich. Stress fällt ab. Der Blick verliert sich irgendwo zwischen Wasser und Horizont, und wir, Manfred und ich, hatten uns viel zu erzählen. Das heißt: Er sprach, und ich staunte. Vor gut 20 Jahren hatte er Deutschland verlassen. Er berichtete von seinen Zweifeln vor der Reise, von einem Abschiedsschmerz und der gleichzeitigen Freude auf Wendungen in seinem Leben. „Ich ließ alles zurück, brach nur mit einem Rucksack voller Dinge auf, die mir wichtig waren. Mein Erspartes steckte ich in einen Brustbeutel. Es war ein Abenteuer, ein Unterfangen ohne Plan." Mutig, dachte ich, und hörte zu, wie sich seine Geschichte entwickelte.

Zunächst landete er in Florida, blieb dort einige Jahre, um dann nach Südamerika zu ziehen. Dort kaufte er sich ein Restaurant, das er durchaus erfolgreich betrieb. Irgendwann aber fühlte er sich ausgelaugt. Es kostete ihn Kraft, jeden Tag für frische Zutaten, abwechslungsreiche Gerichte, besetzte Tische und ein gutes Image zu sorgen. Und seine Müdigkeit schlug sich in den Absatzzahlen nieder. Er hatte die Wahl: Entweder würde er das Tempo seiner Leistung weiter steigern – oder er würde Abschied nehmen. Manfred entschied sich für Letzteres, gab sein Geschäft auf und ging zurück nach Florida. In Fort Lauderdale würde er als Kellner arbeiten, das dürfte ein Leichtes sein, denn in der Gastronomie kannte er sich aus. Dachte er. Aber seine Vorstellungsgespräche verliefen anders als erwartet. Man verlangte von ihm eine andere Kleidung, um ins Corporate Design der Restaurants zu passen, ein Auto, um mobil zu sein für Einkäufe und Besorgungen, auch, so ein Hinweis mit Augenzwinkern, sollte er sich die Haare schneiden und den Bart abnehmen lassen. Plötzlich wurde Manfred klar, dass er, um zu arbeiten, erst einmal eine beachtliche Summe investieren müsste. „Warum sollte ich das tun?" Manfreds eigene Antwort war folgende: „Statt die Ansprüche der anderen zu bedienen, erfüllte ich mir einen Traum. Ich nahm mein Geld und kaufte ein Segelboot und habe jetzt nur noch Fixkosten von 300 Dollar im Monat. Seither bin ich frei und zufrieden. Und trotzdem empfinde ich Luxus. Wenn ich mal einen Hummer essen will, dann springe ich über Bord und fang mir einen. Wenn ich Sonderkosten habe, dann bin ich für einen Tag Kapitän, schippere Männer wie Sie auf die Bahamas. Das bringt 100 Dollar pro Tag." Ich schwieg, denn diese Frage hatte ich mir nie zuvor gestellt.

Brauchen oder genießen, das ist die Frage

Zurück in Hamburg, versank ich schnell wieder in meiner Wirklichkeit. Der Schreibtisch bog sich vor Rechnungen und unangenehmer Korrespondenz. Die Problematik war, dass meine Mitarbeiter die leichten, erfreulichen Aufgaben erledigten, die anderen überließen sie mir. „Die erledigt der Boss", dachten sie. Tat ich auch. Aber in meinem Hinterkopf verankerte sich Manfreds Erkenntnis. Sie arbeitete in meinen Gehirnwindungen, vermehrte sich weiter wie ein Virus, bis ich irgendwann das Kinn auf die Hände stützte und die ganze Chose vor mir aus Manfreds Perspektive betrachtete. „Ich muss monatlich rund 200.000 Mark aufwenden, um mein Unternehmensgerüst aufrechtzuerhalten. Will ich das überhaupt?", zauderte ich – und erstmals wurden mir diese ungeheuren Verhältnisse bewusst. Was muss ich an Arbeit investieren, und vor allem, was kommt am Ende für mich aus diesem Filter heraus? 200.000 Mark, das waren nur die Fixkosten. Davon war kein einziger Pfennig für mich. Mein Spaß ging erst jenseits dieser Markierung los. War ich auch als junger Anwalt angetreten, um die Welt ein wenig besser zu machen, so war ich auf diesem Weg zum Kostenmanager geworden. Ich bemühte mich, bis zum 28. eines Monats so viel Geld einzunehmen, wie sich Rechnungen auf dem Tisch stapelten, und hoffte dann auf weiteren Verdienst, damit für mich was übrig bliebe. Mein Galgenhumor erwachte: „Was mache ich eigentlich im Februar, wenn der Monat mit dem 28. Tag endet? Wie überlebe ich den Dezember und den April, wenn Weihnachten und Ostern die Zahl der Arbeitstage minimieren?" Aber dieser Humor schlug um in Panik, als mir bewusst wurde, dass ich gefangen war in meiner selbstgebauten Verantwortung für Arbeitsplätze, Häuser, Autos.

Wir alle sind Räder in diesem System, ob im kleinen oder im großen Maße. Dafür sorgt der gefräßige Staat. Das hat eine lange Geschichte, die im alten Rom begann und sich bis heute durch die Zeit spinnt. Der Staat braucht Geld. Sonst funktionieren die Systeme nicht. Also greift er ab, was seine Bürger erarbeiten. Er nennt das Einkommensteuer und Sozialabgaben und Ähnliches mehr. Erst ab dem Tax Day, in Deutschland fällt dieser Tag aktuell in den Juni, darf der Bürger für sein Vergnügen arbeiten, erst ab diesem Tag gehört sein Verdienst ihm. Vorher ist er ein Erfüllungsgehilfe, da ist der Staat gnadenlos. Es sei denn, ein Mensch schiebt die Zweifel, Ängste und hinderlichen Glaubenssätze zur Seite und denkt wie Manfred: „Ich lebe meinen Traum – und der hat mit Geld und Profit nichts zu tun." Fortan betrachtet er seinen Kostenapparat wie ein Krokodil und sagt sich: „Wenn es klein ist, macht es Freude, es zu füttern, wenn es groß ist, musst du es füttern, sonst frisst es dich." Das verdeutlicht die folgende Anekdote von Heinrich Böll, die ich meinen Kunden im Coaching gerne erzählte:

Ein Unternehmensberater macht Urlaub auf einer Südseeinsel. Beim Spaziergang sieht er einen Einheimischen am Strand liegen und fragt ihn, ob er nicht arbeiten wolle. Doch, antwortet dieser, er sei Fischer, sei morgens schon draußen gewesen und liege eben jetzt am Strand. Der Unternehmensberater schüttelt den Kopf und nimmt sich vor, diesem Fischer eine kostenfreie Weiterbildung nach Art des Western Business zu geben. Er werde das, so sein Ansinnen, unter der Rubrik Entwicklungshilfe verbuchen. Also spricht er: „Mann, wenn Sie so viel Zeit nach Ihrer Arbeit übrig haben, dann können Sie doch weiterfischen und die Fische verkaufen, die Sie selbst nicht essen." „Ja, und wozu sollte ich das machen?" Der Einheimische versteht nicht. „Na, dann könnten Sie viel mehr Geld erwirtschaften!" „Und was soll ich damit?" Der Unternehmensberater seufzt: „Sie könnten weitere Boote kaufen, andere für sich arbeiten, fischen lassen." „Ja und dann, was habe ich dann davon?" Nun, eines Tages werden Sie so viel erwirtschaftet haben, dass Sie nicht mehr arbeiten müssen, und können tun und lassen, was Sie wollen, auch am Strand liegen." Pause. Der Fischer denkt nach – und entgegnet: „Aber das kann ich doch jetzt schon." Dabei sieht er freudig über die Palmen hinweg auf das blaue Meer. Der Unternehmensberater folgt diesem Blick und erkennt doch den Zauber nicht, der sich vor ihm in der Luft spiegelt. – Er wird sich bald wieder aufmachen in sein Büro, um bis zum 28. des Monats zu rackern und darüber hinaus den Tax Day mit Bravour zu erfüllen. Er wird sich neue Strategien für Wachstum überlegen.

Das alles tat ich auch über viele Jahre, verlor den Blick für die Natur, die schönen Seiten der Welt. Ich war wie ferngesteuert, suchte das Glück außerhalb und wurde doch zum Underdog, weil ich meine innere Freiheit aufgab, weil ich zuließ, dass andere meinen Wert, mein Handeln bestimmten. Bleiben Sie achtsam und fallen Sie nicht auf diese Gedankengefängnisse herein, sonst tanzen Sie schneller an den Fäden der anderen, als Sie sich vorstellen können. Durch Gruppendruck in der Schule, durch Ansprüche von Partnern, Kollegen, Chefs. Warum sonst funktionieren die deutschen Schlager so gut? „Ohne dich kann ich nicht leben." „Dich brauche ich zu meinen Glück." Und wen brauchen Sie zum Leben, zum Glück?

Es entspringt dem Naturell eines Menschen, sich das zuerst zu fragen, bevor er aufbricht, um zum Glücksfall für andere zu werden. Es ist eine Illusion, wenn wir glauben, wir seien auf dieser Welt, um von Mitarbeitern, Kunden, Partnern gemocht zu werden. Liebe bedingt sich selbst. Sie entsteht in uns und drängt sich nicht von außen auf. Es ist gesund, mit den Schultern zu zucken, wenn wir nicht geliebt werden – und nach Alternativen zu suchen. Schön, wenn Kinder das schon verinnerlichen. „Willst du meine Freundin sein?", fragt der 14-jährige Junge das

Mädchen seiner Träume und hält die Luft an. Ob die Schöne ja sagt? Wie lange hat er gezögert, das Mädchen anzusprechen. Hat diese Szene immer wieder vor dem Spiegel geprobt, und nun sind die Worte raus, nun kommt die Entscheidung: „Nö", sagt die Schöne und läuft davon. Der Junge sieht ihr nach, hört sie kichern. Ein Korb. Seine Freunde empfangen ihn neugierig. „Und? Seid ihr jetzt ein Paar?" „Nein, sie will nicht", strahlt er in die Runde. Die Freunde sind verdutzt. „Wie kannst du dann so fröhlich sein?" Der Junge erklärt: „Ja, wieso nicht? Ich kann fröhlich sein. Sie muss traurig sein. Ich bin verschont geblieben. Sonst hätte ich mich auf ein Mädchen eingelassen, das mich nicht liebt. Sie muss traurig sein, nicht ich. Denn sie hat einen verloren, der sie wirklich mag." Schön wäre es, die Schlager umzuschreiben und den Refrain auf die Eigenliebe abzustimmen, so wie „The Greatest Love of all" von George Benson.

Aber zurück zu Manfred und seiner nachhaltigen Wirkung auf mich. Erst langsam lernte ich, mich auf das zu fokussieren, was ich wirklich will. Ich habe Schritt für Schritt die kindliche Allüre des Haben-Wollens um jeden Preis abgestreift. Und fühle mich leichter. Heute unterscheide ich zwischen Menschen, die den Luxus brauchen, um ihr Glück in die Tüte zu stopfen, und Menschen, die sich aus purer Lebenslust etwas gönnen. Einfach so. Oder mit Plan. Oder mit Anstrengung. Aber niemals in Abhängigkeit. Dahinter kann sowohl eine Strategie als auch Spontaneität stehen.

Heute besitze ich auch edle Markenartikel – weil ich Spaß daran habe. An die meisten Käufe erinnere ich mich selten. An manche mehr. Ich denke an die schwarzen Schuhe mit den knalligen Schnürsenkeln aus einer Versace-Boutique in Miami. Ich hatte gute Laune, weil mir Menschen mit einem Lächeln im Gesicht begegneten, die Surfer auf den Wellen ritten und das Meer blauer schien als sonst. Mit einer tiefen Dankbarkeit für dieses schöne Gefühl in mir schlenderte ich weiter, von Boutique zu Boutique, als mir plötzlich diese Schuhe auffielen. Bis dahin gar nicht mein Stil, aber auf jeden Fall mein Geschmack. Aber in diesem Moment symbolisierten sie diese Stimmung in Miami. Ich kaufte sie, obwohl sie 900 Dollar kosteten, und sie waren es mir wert. Es gibt solche Käufe der Freude, die tatsächlich das Glück triggern. Es kann eine Plastikuhr für 30 Euro sein, die gefällt, es kann ein Parfüm für 15 Euro sein, das nach Patschuli riecht und an die erste Liebe erinnert, oder eben teure Schuhe. Egal. Oder man kann, wie aktuell in New York geschehen, das Bild „Les femmes d'Alger" von Picasso für 179,4 Millionen Dollar ersteigern. Wenn es ein Lebenswunsch ist, wenn die Freude darüber aus uns selbst kommt und nicht fremddiktiert ist, dann ist das in Ordnung.

Vom Wert der Zeit

Gefragt nach den wirklich wichtigen Dingen im Leben aber antworten die wenigsten Menschen, dass sie sich Reichtum wünschen. Die meisten nennen Gesundheit als höchstes Gut auf Erden. Sie auch? Dann sind Sie also in bester Gesellschaft. Ich hingegen behaupte, dass Sie diese Antwort gar nicht ernst meinen. Warum? Stellen Sie sich vor, dass ich zwei Pillen in meinen Händen halte. Eine rote in der linken und eine blaue in der rechten. Mit der roten Tablette bleiben Sie absolut gesund, und zwar bis an Ihr Lebensende. Mit der blauen Tablette bleiben Sie nur halb so gesund, leben dafür aber sehr lange. Ach ja, was ich vergaß zu erwähnen: Mit der roten Pille leben Sie nur noch zwei Wochen. Und nun? Für welche Pille entscheiden sie sich? Die meisten Menschen, mit denen ich diesen Test spiele, entscheiden sich für die blaue Pille – auch die Gesundheitsprediger. Und damit wäre das wichtigste Gut, über das Sie verfügen dürfen, die Zeit.

Geld, Gesundheit, Anerkennung, alles können Sie verlieren und wiederbekommen. Doch vergangene Zeit – Ihre

Lebenszeit – geht vorbei, ein für alle Mal. Unser Zeitkonto können wir nicht wieder auffüllen. Wenn Sie das realisieren, dann wägen Sie unwillkürlich ab: „Wer bestimmt eigentlich über das, was ich in meiner Zeit mache?" Immer dann, wenn es Ihnen an Selbstwert im Inneren mangelt und Sie Ihre Wertbestimmung im Äußeren suchen, werden Sie feststellen: Es tun andere. Andere legen fest, was mit dem kostbarsten Gut, der Zeit, geschieht, wenn Sie diese nicht mit etwas Wichtigem füllen. Dann halten Sie das Ruder nicht mehr in der Hand und lassen zu, dass andere über Ihr Leben entscheiden. Sie passen sich an, häufen Titel, Ehrungen, Ämter, Statussymbole und Ähnliches an, um mitzuhalten, um zu beeindrucken. Sie sind, bildlich gesprochen, unterm Hammer. Sie haben materiell vielleicht viel erreicht – aber für diesen schönen Schein haben Sie ihre Seele verkauft.

Um auch Ihren letzten Zweifel an dieser These auszuräumen, will ich einen Banker zitieren. Er empfängt seine Gäste in der oberen Etage des prächtigen Gebäudes und pflegt während des Gespräches gemeinsam mit seinem Gast ans Fenster zu treten. Von diesem Aussichtspunkt aus erklärt er das Geschäftsmodell der Banken. „Schauen Sie sich all diese Häuser an. Da in den Büros, in den Wohnungen, da wohnen Menschen, die für uns arbeiten." „Ihre Angestellten?", fragt der Gast überrascht. „Nein, das nicht … ", erklärt der Banker, „aber alle haben Finanzierungen. Sie arbeiten täglich für uns, für unsere Zinsen, für unseren Verdienst. Sie sind finanziell so aufgestellt, dass sie nicht aufhören können, für uns zu arbeiten. Sonst kommen sie unter den Hammer!"

Und Sie? Arbeiten Sie auch für Ihre Bank? Dann wäre es gut, wenn Sie einmal die Perspektive wechselten und sich vorstellten, wie es sich anfühlt, ohne Luxus zu leben, aber dafür unbequem zu sein. Allein die Vorstellung hält jung und kann die Triebfeder für Erfolg sein.

Gegen die Strömung

„Und wir waren die zwei Geflippten, die durch nichts zu bremsen sind, und wir schwammen gegen die Strömung und rannten gegen den Wind."

Ich kann sie mir gut vorstellen, diese zwei, von denen Udo Lindenberg in seinem Lied „Gegen die Strömung, gegen den Wind" singt. Wie sie in abgerissener Kleidung durch die Straßen rennen, lachen und allein durch dieses Glück mit sich selbst provozieren. Die Sätze passen zu einem wie Lindenberg.

Mit seiner Hutkrempe im Gesicht, den strähnigen Haaren, der schlaksigen Figur wirkt er selbst wie ein Geflippter. Es ist authentisch, wenn er mit rauchiger Stimme davon singt, wie zwei sich gegen alle Konventionen stellen. Ich nehme Lindenberg ab, dass er sich wenig um die Meinung der anderen schert – er macht einfach sein Ding. Das drückt er aus in Wort und Erscheinung, gibt den anderen zu verstehen: Ich lasse mich nicht verbiegen, ich bin, wie ich bin. Und ich mag mich so! Sich selbst treu zu bleiben und auf die Meinung der anderen zu pfeifen, scheint ein Lebensthema für ihn zu sein. Und dafür zolle ich ihm meinen Respekt. Denn er hat mit seiner Musik eine Botschaft: Mach du auch dein Ding! Er ist ein Paradebeispiel für jemanden, der gegen die Strömung schwimmt.

Warum fällt ein Typ wie Udo Lindenberg auf? Ist es seine Berliner Schnauze, die kein Tabu kennt? Sind es die Klamotten weit entfernt von Modediktaten? Sind es seine Texte, die nicht aus Plattitüden bestehen und verlorene Lieben verklären? Ich glaube, Männer wie er beeindrucken durch Charakter und Originalität.

Die meisten Menschen passen sich der Masse an. Tragen den Haarschnitt, der modern ist. Ziehen sich Kleidung an, die gerade angesagt ist. Übernehmen die Meinungen der Medien. In diesem Einerlei der Verhaltensmuster fällt auf, wenn einer sagt: „Mit mir nicht! Ich mache das anders. Ich mache mein

Ding." Wenige Menschen haben diese Chuzpe. Und doch sind genau diese echten, unbequemen Typen erfolgreich. Sie werden gesehen und geschätzt. Sie sind ein Magnet für Aufmerksamkeit.

Ein Querkopf par excellence war Steve Jobs. Der Mitgründer und langjährige CEO von Apple, dem Unternehmen mit dem derzeit höchsten Börsenwert, war ein Mann mit Charisma. Über ihn gibt es eine aussagekräftige Anekdote. Als seine Ingenieure ihm den Prototyp des MacAir vorstellten, fand Jobs: „Was soll das? Das Gerät ist zu groß. Neu machen." Die Ingenieure waren verblüfft, betonten, dass sich der MacAir nicht kleiner bauen lasse. Daraufhin nahm Jobs das Gerät in die Hand, ging zu seinem Aquarium und warf es hinein. Als Luftblasen aufstiegen, meinte er zu den Ingenieuren: „Seht ihr das Blubbern? Das sind LUFTBLASEN. Da ist also noch Platz drin. Macht es kleiner." Jobs gab sich nie mit dem zufrieden, was andere als maximal möglich betrachteten. Er machte sein Ding. Er wollte eine Delle ins Universum schlagen – und brachte es weit mit diesem Ziel.

Ähnliche Geschichten gibt es von dem laut *Forbes Magazine* drittreichsten Menschen der Welt, Warren Buffett. Auch er schert sich wenig um die Meinung anderer. Zwar ist er sehr auf seinen guten Ruf, auf das Image bedacht. Aber er lässt sich nicht beeinflussen. Der Großinvestor, Unternehmer und Mäzen aus den USA kann sich allen Luxus leisten. Er könnte die schnellsten und teuersten Autos fahren. Will er aber nicht. Buffett setzt sich lieber ans Steuer von Gebrauchtwagen. Wenn er zu einem Essen eingeladen ist, verspeist er nicht aus Höflichkeit das, was auf den Tisch kommt. Sondern nur das, was er wirklich gerne mag. Ganz egal, ob ein Bekannter aus seinem Freundeskreis neben ihm sitzt oder die Königin von England. Buffett liebt Cola, also trinkt er sie und lässt den Champagner zurückgehen.

Jetzt könnten Sie einwerfen: Ja, aber das geht nur, weil sie eben wohlhabend sind. Wer viel Geld hat, kann tun und lassen, was er will. Doch ich entgegne: Falsch. Freiheit entsteht nicht durch Reichtum – es ist genau andersherum. Zuerst muss man frei sein – um dann reich zu werden. Andersherum wird der Reichtum zum Gefängnis, kommt die Seele unter den Hammer.

Es gibt viel zu wenige Udo Lindenbergs, Warren Buffetts und Steve Jobs unter uns. Aber tempora mutantur. Alles kann sich ändern, wenn wir das wollen.

Ein Apfel in der Birnenwelt

Billy kann nicht schlagen. Obwohl sein Vater brüllt: „Hau zu!", scheint er das Kommando nicht zu verstehen. Die übergroßen Kopfschützer und Boxhandschuhe wirken an dem zierlichen Jungen wie eine Verkleidung. Unbeholfen drückt er sich in die Seile – bis ihn der Kinnhaken des andern umhaut. Billy Elliot liegt wieder einmal am Boden – der Vater ist beschämt, der Trainer verzweifelt. Warum nur will der Junge den Sport, den richtige Männer lieben, nicht lernen? Billy ist nicht zum Boxen geboren.

Draußen auf der Straße in Dunham, Nordengland, streiken die Bergarbeiter gegen die Schließung der Kohleminen. Vater Elliot ist einer von ihnen, bereit zum Kampf gegen die Polizisten, um seinen kargen Lebensunterhalt mit Fäusten zu verteidigen. Er kennt die harten Seiten im Leben. Er verlässt sich nicht mehr auf die Politik, zu oft ist er in seinen Hoffnungen enttäuscht worden. Für seine Söhne will er das Beste – auch sein jüngster, Billy, soll früh lernen, sich zu wehren. Deshalb muss er die Boxschule besuchen. Das ist sinnvoll. Es ist eine Investition in die Zukunft des Kindes. Denkt er. Aber Billy fühlt anders. Das weiß er, seit die Trainingshalle geteilt wurde, seit in der einen Hälfte die Jungen boxen, in der anderen die Mädchen Ballett tanzen. Billy ist fasziniert von diesem Sport der Mädchen. In ihren weißen Tutus scheinen sie über den Boden zu schweben, mit ihren grazilen Schritten und eleganten Sprüngen verschmelzen sie geradezu mit der Musik.

Die Trainerin, eine feinfühlige Frau, erkennt die Sehnsucht in Billy, fördert ihn, gibt ihm gar heimlich Einzelstunden. Aber der Vater entdeckt das Geheimnis. Der Konflikt bricht aus: „Tanzen ist etwas für Mädchen."

Billy Elliot lässt sich nicht entmutigen, keine Auseinandersetzung, kein Spott, kein Hindernis kann ihn abhalten, seinen Traum zu verwirklichen. Der Vater gibt nach. Irgendwann. Billy wird Tänzer, ein Star an der Royal School. Billy ist zum Tanzen geboren.

Diese rührende Geschichte entstammt dem Kinofilm „Billy Elliot – I Will Dance". Sie führt den Zuschauer zurück in das Jahr 1984, als die Trennlinie zwischen Männer- und Frauenbildern mit einem dicken Pinselstrich verlief. Mag auch heute diese Trennlinie weicher sein, so bleibt das Thema dieses Films doch aktuell. Identitätsfindung. Denn Menschen streben danach, sich selbst zu entdecken, das Leben nach ihren eigenen Wünschen zu gestalten, und zwar jenseits von Konventionen. Denn das Glück trägt jeder in sich selbst. Für Billy war es der Tanz. Das verstand seine Familie zunächst nicht. Sie war befremdet, aggressiv gar. Sie fragten sich, ob mit ihm etwas nicht stimme.

Ich sage Ihnen, was mit Billy nicht stimmte: Gar nichts! Er war absolut in Ordnung. Das einzige Problem, das er hatte, war folgendes: Billy war ein Apfel in einer Birnenwelt.

Von Äpfeln und Birnen

Jeder Mensch ist einzigartig. Geboren mit einem unverwechselbaren genetischen Fingerabdruck, mit unterschiedlichen Zellen, Mustern, Strukturen, Chemie, Bakterien. Während ich diese Zeilen schreibe, bilden 7.246.167.734 einzigartige Menschen die Weltbevölkerung, und laut Statistik werden in zwei Sekunden fünf weitere Menschen irgendwo auf diesem Planeten hinzugeboren. Es herrscht eine fast unvorstellbare Vielfalt von Launen, Stimmungen, Wünschen und Absichten, von Vorstellungen von Glück.

Und jetzt stelle ich mir einfach mal vor, jeder Mensch entspricht einer Frucht. Wenn wir geboren werden, sind wir ein Apfel oder eine Birne, eine Banane, eine Orange, eine Kiwi oder was auch immer. Und nun kommt der Clou: Nicht alle Familien bestehen aus gleichen Früchten. Die Eltern sind bereits durch ihre Gene, durch ihre Temperamente verschieden. Dort, wo mehrere Kinder in einem Haus zusammenleben, merken die Eltern früh, dass sich trotz gleicher Erziehung völlig differente Persönlichkeiten entwickeln. Aber sehen wir einmal genauer hin, und fragen wir uns: Wie wachsen diese Früchtchen eigentlich auf? In der Regel erhalten sie alle dasselbe Essen. Niemand macht sich die Mühe, den ganz individuellen Vitaminbedarf der Kinder zu testen und ihn an Blutgruppe, Kalorienbedarf, Stoffwechsel etc. anzupassen. Zwar war ein solches Verhalten der Eltern in meiner Kindheit, in den 1950er Jahren, durchaus verständlich, denn damals war man froh, wenn es überhaupt Kartoffeln auf dem Tisch gab. Aber heute? In Zeiten des Überflusses und der Ernährungskampagnen müsste dieser Gedanke an eine feinabgestimmte Kalorienaufnahme naheliegen. Tut er aber nicht. Eher denken wir darüber nach, welcher Sprit den Automotor elastisch hält, statt den richtigen Mix für den eigenen Körper zusammenzustellen. Diese Nachlässigkeit beginnt mit der Geburt. Säuglingsnahrung erhält Zucker, Milcheiweiße, Binde- und Dickungsstoffe. Jugendliche werden durch hormongetunte Burger, fettige Pommes und Koffeingetränke zur Coolness geködert. Später in der Hektik zwischen Beruf und Familie soll die Konserve ein Zeitgewinn sein. Summa summarum: Von Geburt an machen schädliche Stoffe süchtig, dick und ungesund. Diese Haltung der Einheitlichkeit führt sich fort im Alltag. Die Eltern melden die Jungen zum Fußball an, die Mädchen zum Turnen. Die Berufswahl findet geschlechtsspezifisch statt, daran konnten auch die von der Politik gutgemeinten Girls' Days und Boys' Days nichts ändern. Alles bleibt, wie es war, nichts wird in Frage gestellt. Billy sollte boxen lernen, denn das hatte in dieser Familie Tradition. In einer Birnenwelt handelt man eben wie Birnen. Wehe, wenn einer diese Vorstellung verrückt.

Also: Ein Apfel kommt in eine Birnenwelt. Und augenblicklich versuchen die Mitglieder dieser Welt, den Apfel auf Birne zu trimmen. Teils mit physischer Gewalt, teils mit Drohungen, teils mit Schuldgefühlen. „Was sollen die Birnennachbarn von dir denken?" „Wir wollen in unserer Nachbarschaft einen guten Birneneindruck hinterlassen." „Sei wie wir Birnen, oder wir mögen dich nicht." Und das Selbstwertgefühl des Apfels, wenn es denn je entwickelt wurde, fällt in den Keller. Da bleibt es dann für den Rest des Lebens. Äpfel und Birnen sind halt anders. Sie fühlen anders, sie verhalten sich anders, sie denken anders. Die Birnen wiederum kennen nur ihre Birnenwelt, sie verstehen nicht das Geringste von Äpfeln. Ja, sie wissen nicht einmal, dass es Äpfel überhaupt gibt!

In diesem Birnenkosmos fühlt der Apfel sich nicht wohl. Er hat andere Ideen, Gedanken und Gefühle als die Birnen. Doch die erkennen ihn nicht als Apfel – die sehen ihn als missratene Birne.

Und deshalb möchten sie aus dieser neu hinzugekommenen Frucht eine bessere Birne machen. Wenn das jedoch nicht klappt, führt das mit der Zeit dazu, dass die unwissende Birnenfamilie zu dem Schluss kommt: Diese Birne, die hier zu uns gekommen ist, weigert sich, eine ordentliche Birne zu sein. Sie geben ihr zu verstehen, dass es für sie nicht in Ordnung ist, wie sie sich benimmt. Sie zeigen ihr die kalte Schulter. Sie können sie einfach nicht lieben, wenn sie keine richtig gute Birne ist. Sie fangen an, sie zu ignorieren und vielleicht sogar für ihr Verhalten zu bestrafen.

Der Apfel merkt natürlich, dass er von den anderen nicht angenommen wird, so wie er ist. Er ist verunsichert. Er hat Angst, anders zu sein – schließlich möchte er doch geliebt werden. Und deshalb gibt er sich die größte Mühe, von nun an sein angeborenes Apfelverhalten abzulegen und das Birnenverhalten anzunehmen. Um endlich ein anerkanntes Mitglied der Birnengesellschaft zu werden, geht er brav in den Birnenkindergarten und in die Birnenschule. Er versucht, sich an die anderen, so gut es nur geht, anzupassen, um nicht aufzufallen – und um von seiner Birnenfamilie endlich akzeptiert zu werden. Er wird für den Rest seines Lebens spüren: „Irgendetwas ist mit mir nicht o.k." Er kann niemals in seine Kraft gehen. Er hat immer Angst davor, sein Apfellicht scheinen zu lassen, denn er hat sich den Birnen längst angepasst.

Dabei müsste eigentlich die Birnenfamilie umdenken. Sie müsste erkennen, dass sie eine andere Frucht geschenkt bekommen hat – und diese dabei unterstützen, optimales Obst zu werden. Egal, ob es dabei nun um eine Birne wie sie oder einen Apfel, eine Banane oder etwas anderes handelt. Übertragen auf den Menschen bedeutet das: Die meisten trauen sich nicht, ihre Individualität, ihre Ursprünglichkeit, ihr wahres Ich zu leben. Sie haben nicht den Mut, wie Billy Elliott zu sagen: „Ich bin nicht zum Boxen geboren. Ich bin zum Tanzen geboren." Wir brauchen den Mut, uns selbst zu erkennen und die Andersartigkeit der anderen zu akzeptieren. Das spiegelt uns eine Szene aus „Star Wars" beeindruckend. Darin gibt es auf einem Planeten eine Bar, in der sich die kuriosesten Gestalten des gesamten Universums treffen. Ob ein-, zwei- oder dreiäugig, Schlangenwesen oder Kurzhals, behaart oder unbehaart, egal ob von blauer, grüner oder gelber Hautfarbe – alle sitzen dort friedlich zusammen, plaudern, schlürfen ihre Drinks durch Mund oder Nase und freuen sich über die Vielfalt in ihrem Kosmos.

Purpose und Essenz

Was meine ich mit „Purpose"? Es fällt mir nicht ganz leicht, diesen Begriff zu erklären, da es im Deutschen kein passendes Wort gibt. Aus dem Englischen wird „Purpose" mit „Bestimmung", „Absicht" oder „Ziel" übersetzt. Doch auch diese Vokabeln treffen es nicht ganz. Für mich ist wichtig, dass es um die Essenz geht. Und damit erhält der Purpose einen ursprünglichen und allumfassenden Wert. Er ist der natürliche Zustand des Seins.

Wer beispielsweise sagt: Meine Bestimmung ist es, Arzt zu werden, hat das für sich entschieden. Er übt aufgrund einer gewissen Überzeugung diese Tätigkeit aus. Aber sie stellt nicht das ursprüngliche Wesen dieser Person dar – denn die Person wird Arzt. Sie eignet sich die Kenntnisse an, die für das Ausüben dieses Berufes wichtig sind. Doch sie ist kein Arzt. Was ich unter Purpose verstehe, lässt sich nur aufdecken, aber nicht lernen, nicht aneignen. Denn ein Purpose ist das, was der Mensch von Geburt an einfach ist. Es ist seine Essenz, die sich bereits in der pränatalen Phase entwickelt und mit dem ersten Schrei in dieser Welt nach Entfaltung drängt. Das Ärgerliche ist nur: Was uns mit der Geburt an Essenz mitgegeben wird, wird in den ersten Jahren nicht gefördert. „Versucht man sich an die eigene Kindheit zu erinnern, so fällt auf, dass Erinnerungen an die ersten zwei bis drei Jahre nicht möglich sind. Dieses Phänomen wird seit Sigmund Freud als infantile Amnesie bezeichnet." (2014, Seite 162)[7] So kann es sein, dass diese tiefverankerte Essenz schon sehr früh ins Unterbewusste wandert, wenn Eltern nicht aufmerksam nach Talenten und Neigungen forschen und stattdessen denken: „Aus diesem Apfel machen wir eine Birne." Was bleibt, ist ein Störgefühl im Kind und mit den Jahren ein Drang, seine Identität zu suchen. Bis dahin aber formen die äußeren Einflüsse die Gehirnstruktur, entsteht eine Gedankenwelt aus Erfahrungen und Einsichten. Jeder erfindet sich und seine Welt permanent neu – so wie er sich in das soziale Umfeld und in die Zielsetzungen fügt. Denn der Mensch sucht nach Bindungen und nach Anerkennung und ist bereit, seine ursprünglichen Konzepte aufzugeben – und in einer fiktiven Welt zu leben, die vielleicht nicht seine eigene ist.

Für diese Entwicklung ist der Neocortex verantwortlich, der entwicklungsgeschichtlich jüngste Teil der Großhirnrinde, der auch als „Mutter der Erfindung" oder „Vater der abstrakten Gedanken" bezeichnet wird. Der Neocortex lenkt unsere Wahrnehmung, unser Bewusstsein und unser Sozialverhalten. Er ist zuständig für alle kognitiven Prozesse. Wir können sagen: Der Neocortex ist das Atelier des Ego. Dort entwerfen wir ein Bild von uns selbst und erzeugen damit eine Fiktion, mit der wir uns nur allzu gerne identifizieren. Wir glauben dann, genau das zu sein. Seinen Purpose jedoch kann niemand erfinden. Der ist da, unveränderlich. Er ist und bleibt. Und wird über kurz oder lang aus dem Unterbewussten wieder im Hier und Jetzt landen. Wer Glück hat, der lebt seinen Purpose von Kind an, vielleicht gelingt ihm das erst als Erwachsener irgendwann, vielleicht auch nie. Das wäre ein Unglück.

Der Purpose ist wie eine Perle, die in einer Muschel verborgen ist. Keine Perle gleicht der anderen. Jede ist einzigartig. Und genau das ist jeder Mensch auch – durch seine Anlagen, durch seine Essenz. Beides ist dem Menschen im religiösen Sinne von Gott in die Wiege gelegt. Wer seine Essenz erkannt hat, der sollte seinen Purpose voll ausleben. Der wirkt mit seinem Wissen, seinen Kenntnissen, mit seiner Einzigartigkeit in diesem Universum.

Wenn ich in meinen Seminaren an dieser Stelle in fragende Augen blicke, dann mache ich Folgendes: Ich male einen großen Kreis auf ein Flipchart und erkläre, dass dieser Kreis das gesamte Wissen des Universums symbolisiert. Alle Wissensfelder sind darin enthalten – zum Beispiel Astronomie, Biophysik, Kernchemie, Medizin, Kunst oder Literatur. Dann frage ich: „Wenn dieser Kreis das gesamte Wissen des

Universums ist – wie groß ist Ihr Wissen im Vergleich dazu?"
Viele Teilnehmer antworten, ihre Kenntnisse seien höchstens
einen Punkt groß. „O.k.", scherze ich, „damit auch die Teilnehmer in der letzten Reihe das kleine Pünktchen Wissen erkennen, verbinde ich es mit zwei weiteren auf dem Kreisrand." Es
entsteht ein spitzes schmales Dreieck, das individuelle Realitätsdreieck des Teilnehmers, ausgefüllt mit seinem Wissen
und seinen Erfahrungen. Wir alle haben ein Realitätsdreieck.
Darin bewegen wir uns. Das sind unsere gesetzten Grenzen.
Sicherlich kennen Sie die Sätze, die in einer Diskussion häufig
fallen: „Nun sei doch mal realistisch. Komm auf den Boden der
Tatsachen zurück!" Doch wenn jemand so etwas sagt, bedeutet
das nichts anderes als: „Komm in mein Realitätsdreieck."

Der persönliche Erfahrungshorizont ist von Mensch zu
Mensch unterschiedlich. Jeder glaubt an andere Wahrheiten.
Wenn ich also sage: „Sei realistisch!", dann bedeutet das nichts
anderes als: „Du glaubst nicht an meine Realität. Das gefällt
mir nicht." Im Hinblick auf den großen Kreis auf dem Flipchart
ist das jedoch völlig absurd, da das Wissen eines Menschen
nur einen sehr kleinen Bruchteil aller möglichen Wahrheiten ausmacht. Was wir brauchen, das ist eine weit geöffnete
Blende auf dieses Meer der Möglichkeiten. Davon handelt das
Märchen des britischen Schriftstellers und Theologen Edwin
Abbott aus dem Jahre 1884. Als mathematische Satire handelt
es von einer zweidimensionalen Welt, in der ein Quadrat lebt.
Abbott nennt diese Welt „Flächenland". Im Traum bereist das
Quadrat ein eindimensionales Linienland, in dem alle Bewohner lediglich unterschiedlich lange Strecken auf einer Geraden
sind. Vergeblich versucht das Quadrat, die Einwohner von der
Existenz einer zweidimensionalen Welt zu überzeugen. Also
träumt das Quadrat weiter von seinem Erfolg und gelangt
in ein nulldimensionales Land, in dem es nichts anderes als
einen einzigen Punkt gibt. Es muss noch mehr geben, denkt
das Quadrat, die Welt kann nicht nur null- und eindimensional

sein. Und siehe da, es erscheint eine Kugel, die dem Quadrat von einer dreidimensionalen Welt erzählt. Das Quadrat hört staunend zu und denkt: Was ist, wenn es über der dreidimensionalen Welt noch höherdimensionale Welten gibt? Als es den anderen Bewohnern von Flächenland davon erzählt, erntet es nur Unverständnis – und wird für seine ketzerischen Ideen eingekerkert.

Jeder Einzelne sieht die Welt anders, denn er hat seine eigene Geschichte. Die Frage ist: Trauen Sie sich wirklich an Ihren Purpose heran? Indem Sie sehr sensibel in sich hineinhorchen. Indem Sie Ihre Träume, die tief aus dem Unterbewussten entspringen, wieder wahrnehmen, kann es gelingen, diesen tief vergrabenen Schatz zu bergen. Ihre Essenz ist in Ihren Zellen. Einzig das Ego hindert Sie daran, diese Essenz zu spüren. Glücklich ist, wem das gelingt.

Den Schatz finden und heben

Nach Hamburg zog ich unter Gibraltars Sonne. Ich reiste viel, genoss das Leben. Irgendwann gab es eine Lücke von mehr als einer Woche in meinem Kalender. Weil ich immer wieder Anfragen für eine Beratung erhielt, entschied ich mich, ein fünftägiges Coaching ohne festen Programm- und Fahrplan in meinen Räumen anzubieten. Panta rhei. Acht Teilnehmer meldeten sich zu diesem individuellen Coaching an. „Warum haben Sie sich für dieses Coaching entschieden?", fragte ich. Als Antwort erhielt ich die üblichen Floskeln: „Ich möchte beruflich erfolgreicher sein." „Ich möchte mehr Geld verdienen und erwarte Tipps und Hinweise." „Ich möchte, dass meine Beziehung besser läuft" und so weiter.

Diese Wünsche erschienen mir alle aufgesetzt, fremdbestimmt und wenig phantasievoll – eben wie typische Coaching-Phrasen. Die Antworten würden leicht an der Oberfläche kratzen und am sechsten Tag schon vergessen sein. Das wollte ich nicht. Ich wollte mehr. Mehr Tiefe, mehr unbequeme Einsichten, mehr Staunen. Wo war der Schatz dieser acht Menschen vergraben? Sicherlich nicht am Rand des Weges zu den Zielen, die aus Erfolg im Beruf, einem höheren Verdienst oder einer besseren Beziehung bestanden. Es musste noch verschüttete, individuelle Pfade im Gehirn geben. Wenn wir diese entdeckten, dann würde mein Coaching nachhaltig wirken, weil dann die wahren Visionen sich materialisieren könnten.

In jener Woche wurde die Technik des Purpose-Findings geboren. Über die Jahre hat sich dieser Findungsprozess verfeinert, sodass ich heute innerhalb eines Tages die Essenz eines Menschen entdecken kann. Die Essenz ist Bestandteil einer jeder Körperzelle, sie ist die Information zum wahren Ich.

Das Purpose-Finding beginnt mit einer meditativen Übung, um das Ego zu überwinden. Die Teilnehmer gleiten in einen Trancezustand. Sie sollen Geschichten erzählen, in denen sie in der Kraft waren, in der sie eins mit dem Universum waren. Während sie erzählen, sehe, höre, fühle ich genau hin. Mit geschlossenen Augen. In dieser fokussierten Konzentration erfasse ich die Stimmungslagen. Wir erspüren gemeinsam die Situationen, in denen die Teilnehmer ihre stärkste Energie hatten. Das bringen wir in Worte. Wenige Worte reichen, um diese Essenz zu beschreiben. Das sind faszinierende Momente voller Emotionen. Dann schlägt ein Notar Purzelbäume oder weint ein hartgesottener Banker vor Glück. In dieses Feld der Kraft tauchen wir gemeinsam ein. Wir lassen diese emotionalen Energiefelder von damals wiedererwachen. Ich bin in diesem Prozess der wohlwollende, verständnisvolle und nichtwissende Begleiter. Auch wenn wir die Seele mit Sprache nicht einengen können, so spüren wir doch, wie alle 100 Billionen Körperzellen Hurra rufen, wenn die Formulierung des Purpose-Findings treffend ist.

Diese Woche des programmlosen Coachings 2007 auf Gibraltar war für die Teilnehmer und für mich ein intensives Erlebnis. Ich war überrascht, welche Wirkung dieser Prozess auf andere hatte. Seither ist das Purpose-Finding eine Herzensangelegenheit für mich, und es erfüllt mich zutiefst, wenn ich aus den Teilnehmer-Feedbacks erkenne, wie nachhaltig sich deren Leben verändert hat. Ich denke neben vielen anderen an einen Mann, der ein Autohaus leitete und mit den Ergebnissen unzufrieden war. In einem Purpose-Finding-Prozess fanden wir heraus, dass dieser Inhaber die folgende Essenz hatte: „Ich bin ein Quell der Freude." Der Mann wiederholte diesen Satz mindestens 20 Mal. Seine Augen leuchteten. Sein Hautwiderstand änderte sich. Er wirkte plötzlich weich und zuversichtlich. Nun taten sich ganz neue Möglichkeiten für ihn auf. Er realisierte: „Wenn ich in einem freudlos organisierten Autohaus arbeite, aber mein Purpose lautet: ‚Ich bereite anderen Menschen Freude', kann das nicht funktionieren." In der Folge gestaltete er sein Geschäft komplett um, richtete die Unternehmenskultur konsequent auf Freudebereiten aus. Da reichte es nicht mehr, dass ein Mechaniker gut schrauben konnte – er sollte auch gute Laune verbreiten können! Da war es ihm nicht genug, wenn ein Verkäufer nach Schema F aus Wunscherfragung und Einwandbehandlung agierte. Der Verkäufer sollte den Kunden zum Strahlen bringen. Der Autohausbesitzer richtete eine Spielecke für Kinder ein, eine Kaffeebar für Mitarbeiter und Kunden, und bei Verlassen des Geschäfts gab es ein rotes Schokoladenherz für die Fahrt nach Hause. Und siehe da: Das Autohaus florierte wieder.

Diese Erfahrung mache ich immer wieder: Jemand sieht nach einem Purpose-Finding-Prozess für sich mannigfaltige Chancen, obwohl er kurz zuvor noch das Gefühl hatte, in einer Sackgasse festzustecken. Denn wer seine Essenz kennt, für den ist es im Grunde sekundär, welche Tätigkeit er beruflich ausübt. Die Hauptsache ist, den Beruf mit seinem Purpose in

Einklang zu bringen und seine Essenz zu leben. Der Autohausbesitzer kann mit seinem Purpose „Ich bereite Menschen Freude" in vielen Bereichen des Alltags etwas bewegen. Er kann Autos verkaufen, in einem Restaurant arbeiten, Kinder erziehen oder Taxi fahren. Jemand, dessen Essenz lautet: „Ich berühre Menschen mit Sprache", fühlt sich als Finanzbeamter nicht wohl in seiner Haut. Erfüllender wäre es für ihn, sich einen Beruf zu suchen, der etwas mit Sprache zu tun hat – also beispielsweise Lehrer, Texter, Übersetzer, Journalist oder Moderator. Und jemand, dessen Purpose lautet: „Ich erkenne das Schöne in Menschen", sollte nicht irgendwo in einem stillen Kämmerlein ohne Menschenkontakt vor sich hinarbeiten, sondern eine Tätigkeit wählen, die seinem Naturell entspricht.

Kooperation statt Konfrontation

Jedem Einzelnen stehen so viele Wege offen, im Einklang mit seiner Essenz zu leben und glücklich zu sein. Mit diesem Wissen finde ich es erschreckend, dass sich anscheinend immer weniger Menschen in ihrem Job richtig wohl fühlen. Nach einer Studie des Beratungsunternehmens Gallup aus dem Jahr 2013 haben 17 Prozent der deutschen Arbeitnehmer innerlich gekündigt, 67 Prozent machen nur Dienst nach Vorschrift. Ich finde diese Zahlen erschreckend. Denn sie weisen zum einen auf ein Seelentief der Arbeitnehmer hin, und auf der anderen Seite hat diese Haltung eine übergeordnete Auswirkung: „Die volkswirtschaftlichen Kosten aufgrund der inneren Kündigung belaufen sich auf eine Summe zwischen 98,5 und 118,4 Milliarden Euro jährlich."[8] In der Summe beider Aspekte bedeutet das: Die meisten Arbeitnehmer agieren fern ihrer Berufung. Sie erledigen lediglich einen Job. Sie sind praktisch seelenlose Aufgabenverrichtungsmaschinen. Sie warten auf 30 Urlaubstage im Jahr und glauben, in dieser kleinen Sequenz an Zeit richtig leben zu können.

Doch das ist Kompensation. Es ist das Gegengewicht zum falschen Platz. Besser wäre es, das Denken ans Geldverdienen einmal wie eine Gedankenwolke vorüberziehen zu lassen, um den Blick auf den Purpose zu richten. Denken wir einmal von innen nach außen:

1. Zuerst muss ich überlegen, was ich bin.

2. Dann schaue ich, was zu mir passt.

3. Und schließlich handele ich.

Für jedes Talent gibt es eine Aufgabe auf diesem Planeten, jeder kann sein Auskommen finden. Eine Mutter, die gerne wieder berufstätig wäre und die Essenz hat: „Ich liebe es, Kinder zu erziehen", könnte zum Beispiel als Vision für sich festlegen, eine private Kita zu eröffnen. Ich bin überzeugt davon, dass der finanzielle Erfolg sich von selbst einstellt, wenn jemand seiner Essenz entsprechend lebt. Profit soll die Folge der Tätigkeit sein, aber nicht der Zweck. Das ist ein Thema meines Buches „Millionaire Spirit"[9], und das hat sich tausendfach bewahrheitet.

Ich erkenne einen Trend hin zu mehr Bewusstsein der eigenen Individualität. Menschen sind kritischer geworden gegenüber den Fremdflüsterern unserer Zeit. Nicht zuletzt durch die Digitalisierung lassen sich Wissen und Einsichten nahezu in Echtzeit teilen: Lob und Kritik, Geschichten über Erfolge und Scheitern sind nur einen Klick entfernt. Das alles mag zu einem neuen Selbstbewusstsein beitragen. Ich finde diese Entwicklung gut und will noch einen Schritt weitergehen, indem ich behaupte: Die Zeit ist reif für eine Purpose-based-Society, in der jeder sich freut, dass der andere seine Essenz gefunden hat und diese auch lebt. Schön, wenn jemand das Netz nutzt, um ernsthaft interessierte Follower zu Kunden zu machen. Schlecht, wenn es nur um ein munteres „Liken" geht, denn dann werden die sozialen Netzwerke zu einem Zeitfresser.

Wenn ich meinen Purpose richtig lebe, gibt es keinen Zwang zur Konformität. Das übrigens war das Happy End für Billy Elliot. Sein Vater hatte verstanden: Ein Junge, der Ballett tanzt, bedeutet nicht das Ende der Welt, denn das Tanzen eröffnet weite Horizonte.

Glaube niemandem

Viele kluge Sätze sind gesprochen worden. Einige von ihnen verlieren ihren Glanz nie, weil sie sich über den Zeitgeist erheben. Sie verankern sich in den Gedanken, schwingen lange nach. Denn sie erzählen von der Sehnsucht der Menschen, das eigene Leben selbst zu gestalten. Diese Sätze kommen in leiser Tonalität daher, und ich glaube, es ist gut, einen solchen für sich zu entdecken, sich daran festzuhalten, wenn der innere Boden wackelt. Ein Satz, den ich mag, stammt von dem indischen Yoga-Meister Paramahansa Yogananda und lautet: „Lass mich nicht aus Gewohnheit, sondern aus freiem Willen handeln." Und damit landen wir mitten im Thema dieses Kapitels, das sich gegen die Ratschläge der anderen wendet und damit ein Plädoyer für ein selbstbestimmtes Verhalten ist, für ein Handeln nach eigenem Muster.

Jeder Mensch ist einzigartig. Mit seiner Logik, seinem Wissen, mit seinen Erfahrungen und Einsichten trägt er einen eigenen Kosmos in sich. Ein anderer wird diesen niemals in Gänze begreifen. Und das ist gut so, wenn diese Vielfalt nicht herrschte, dann wäre unsere Welt ärmer. Mit dieser Sichtweise stehe ich dem Konstruktivismus nahe. Der besagt, dass der Mensch eine Lösung für sein Problem nur selbst finden kann, indem er seine Ressourcen aktiviert und vielleicht die Perspektive ändert. Nun scheint es, dass viele Menschen im Alltagsstress damit überfordert sind, warum sonst haben Coaches und Lifestyle-Trainer Hochkonjunktur?

In Krisen- oder Veränderungszeiten mag es besonders nötig sein, sich einen Experten an die Seite zu stellen. Doch ich gehe noch weiter: Wenn Menschen sich weiterentwickeln wollen, dann ist es immer sinnvoll, einen Mentor an seiner Seite zu wissen. Denn ein wahrer Experte wird zuhören, nicken, die richtigen Fragen stellen, er wird sein Know-how anbieten und die richtigen Instrumente für den persönlichen Fortschritt wählen.

Wer anderen Wertschätzung entgegenbringt, der wird mit Ratschlägen vorsichtig sein. Ein Ratschlag, so gut er auch gemeint sein mag, darf die Phantasie nicht ersticken. Damit würde ein Mensch in seinen Problemen stecken bleiben. Ein Ratschlag hilft in außergewöhnlichen Situationen, kann aber die Seele nicht heilen. Er ist nur ein Notpflaster für den Moment. Das bedeutet: Wer Probleme von außen lösen will, der mindert vielleicht die Symptome, aber an die Ursachen gelangt er nicht.

Kaum jemand formulierte diese Erkenntnis schöner als Siddhartha Gautama, der Begründer des Buddhismus. Nicht der blinde Glaube an fremde Maßstäbe solle eine Orientierung sein. Dies zu vermitteln, das war eine seiner Intentionen. Noch auf dem Sterbebett sagte er zu einen Schülern: „Glaubt mir nichts, nur weil ich Buddha bin, sondern prüft, ob es eurer Erfahrung entspricht. Seid euer eigenes Licht." Wie gesagt: Manchmal verlieren Sätze niemals ihren Glanz.

Und doch suchen wir nach einem Halt von außen. Wir klammern uns an Symbole, um von einer inneren Leere abzulenken. Wir folgen Ratschlägen, die für uns nicht passen. Wie gut wäre es, in hilflosen Momenten einfach nur innezuhalten, bei sich zu bleiben und sich zu sagen: „Was für andere gut ist, muss für mich längst nicht stimmig sein." – Niemand kann Ihre Beweggründe für eine Entscheidung richtig einschätzen, weil er Ihre Situation stets aus einer anderen Perspektive betrachtet.

Eine Handvoll Schnee

Wenn Sie mich fragen, wohin ich gerne in Urlaub fahre, dann nenne ich Ihnen Plätze, die mir etwas bedeuten, die zu meiner Stimmung, zu meinen Ansprüchen passen. Das muss für Sie längst nicht zutreffen. Während ich mich nach Strand und Sonne sehne, stellen Sie sich vielleicht eine Wanderung in den Bergen oder eine Städtereise vor. Vielleicht bevorzugen Sie auch eine Raftingtour mit Camping. Es ist kein Zufall, dass sich an der Urlaubsentscheidung regelmäßig ernsthafte Ehestreits entzünden. Das könnte verhindert werden, indem Sie durch Fragen herausfinden, um was es dem Menschen, der Ihnen gegenübersteht, wirklich geht. Mag die jährliche Diskussion um den Urlaub samt Tränen und Versöhnen irgendwann in die Kategorie Anekdote fallen, so kann es doch ernsthafte Probleme geben, die eine gewissenhafte Antwort erfordern. Zum Beispiel, wenn Sie dringend einen Anwalt benötigen, weil Anklage gegen Sie erhoben worden ist. Besonders im Verkehr kann eine solche Situation von einer Sekunde zur anderen eintreffen, und Sie können damit völlig überfordert sein. Sie sind entschlossen, Ihr Recht zu fordern, und wenden sich an mich als Juristen: „Ich brauche einen Anwalt, und zwar schnell. Wen empfehlen Sie mir, wen kann ich sofort konsultieren?" Ich überlege und denke: „Für diese Frage gibt es rund 160.000 Lösungen, denn so viele Anwälte bieten ihre Dienste in Deutschland an. Eine erste spontane Antwort wäre nahezu fahrlässig ob der Not, in der sich mein Gesprächspartner befindet." Also schweige ich, nehme eine nichtwissende Haltung ein – und frage nach Details, bevor ich rate.

Als ich mein Examen als Jurist bestand, feierte ich mit Freunden. Was sonst? Nach jahrelangem Büffeln schien sich die Freiheit vor mir auszubreiten. Eine große Karriere wurde mir vorhergesagt, und ich glaubte damals, nur irgendwo in die Luft greifen zu müssen, um das Glück in Händen zu halten.

Die Stimmung war ausgelassen, und wie es auf Partys üblich ist, steigt der Drang zum Witze-Erzählen mit dem Pling der Prosecco-Gläser. „Hört mal her!", rief ein Gast: „Zwei Männer fahren in einem Heißluftballon. Sie genießen den Drift, die Ruhe, die klare Luft. Gleiten ohne Zeitdruck. So vergehen zwei Stunden – wie im Fluge. Plötzlich kräuselt einer die Stirn und flüstert durch die Stille im Korb: ‚Wo sind wir eigentlich?‘ ‚Keine Ahnung‘, ein Schulterzucken ist die Antwort. Die beiden kneifen die Augen zusammen, sehen nach, um irgendetwas Bekanntes in der Landschaft zu erspähen. Nichts. Sie vergleichen die Karte mit der Umgebung. Keine Übereinstimmung. ‚Lass uns nach Schienen suchen. Die verfolgen wir bis zum nächsten Bahnhof, und dort lesen wir auf dem Schild den Namen des Ortes.‘ ‚Gute Idee! Aber wo sind die Schienen? Ich sehe keine.‘ Nun werden die beiden unruhig und versuchen den Wagen anzufunken, der sie wieder aufnehmen soll, aber es gibt keine Verbindung. ‚Dann geben wir Wärme ab und achten auf einen Spaziergänger dort unten auf dem Weg. Den fragen wir.‘ Gesagt, getan und bald schon entdecken die beiden einen Wanderer. Als sie tief genug gesunken sind, rufen die beiden Männer: ‚Hallo, können Sie uns sagen, wo wir gerade sind?‘ Der Wanderer dreht den Kopf nach oben und sieht verdutzt drein. ‚Na, Ihr seid da oben, im Korb‘, ruft er und geht kopfschüttelnd weiter."

Meine Partygäste lachten, und der Erzähler blinzelte süffisant in meine Richtung: „Was sagt uns das, Wolfgang? Nun, der Wanderer war ein Jurist, denn 1.: Die Antwort kam prompt. 2.: Die Antwort war richtig. Und 3.: Niemand kann mit der Antwort was anfangen, hahaha." Ich grinste und dachte: „Da ist noch mehr Tiefgang in der Geschichte: Der Wanderer war nicht fähig, sich in die Lage der beiden Männer zu versetzen. Denn er war in seinem eigenen Realitätsdreieck gefangen. Was er sagte, war für ihn Logik, aber für die Männer ohne Wert."

Fragen sind ein wertschätzendes, sensibles, kluges Instrument, um sich dem Problem eines Gesprächspartners zu nähern. Es ist wie eine Recherche zum Kern eines Anliegens:

- Wofür genau suchen Sie den Anwalt?
- Welche Fachkenntnisse muss er besitzen?
- Welche Referenzen erwarten Sie?
- Suchen Sie einen Mann oder eine Frau?
- Welcher Typ würde zu Ihnen passen?
  Wie soll er auftreten?
- Was halten Sie von einem 24-Stunden-Anwalts-service?
- Wie wichtig ist Ihnen überhaupt ein persönlicher Kontakt?
- Wie beschreiben Sie einen Anwalt,
  dem Sie vertrauen würden?
- Wie weit sollte die Kanzlei von Ihrer Wohnung entfernt sein?

Ob Sie in Urlaub fahren oder ob Sie einen Anwalt suchen oder was auch immer: Stellen Sie Fragen, lassen Sie den Gesprächspartner erzählen, dann erst erhalten Sie einen kleinen Einblick in das, was er sich wünscht. Und vor allem: Haken Sie nach, wenn Sie das Gefühl haben, diese Antwort sei oberflächlich. Bleiben Sie neugierig auf die beste Antwort, die Sie erhalten können, und geben Sie sich nicht mit der erstbesten zufrieden. Es heißt zu Recht: Das Gute ist der Feind des Besseren und oft der Feind deiner Seele. Was die Birne gerne nimmt oder für gut hält, das muss für den Apfel nicht passen. Denn alles wird definiert durch unsere Erfahrungs- und Vorstellungswelt. Kurzum: Was wir nicht kennen, findet dennoch statt.

Denken Sie einmal an Schnee. Was assoziieren Sie mit diesem Wort? Ein pulvriges oder matschiges weißes Etwas, dass Ihre Füße verkühlt und in den Händen schmilzt? Eine traumhafte Grundlage, um auf Skiern vom Berg ins Tal zu schwingen und dabei das Herz jauchzen zu hören? Eine lästige, rutschige Bodenschicht, die Staus in der Stadt verursacht und Sie an einer Pünktlichkeit hindert? Die roten Nasen Ihrer Kinder beim Schneemannbauen im Garten? Alles ist richtig, alles ist Ihre Vorstellung von Schnee.

Wir sehen nicht mit den Augen, sondern mit dem Gehirn. Dort, wo sich Erfahrungen speichern, dort, wo wir Wörter bilden, um diese Erfahrungen zu benennen, dort entstehen Wahrheiten. Wenn wir die Wörter nicht haben, sehen wir den Schnee nicht. Was wir nicht wahrnehmen, kann sich in unserer Wirklichkeit nicht verankern. Leider gilt das auch umgekehrt: Wir nehmen nicht als wahr an, was wir nicht wahrnehmen.

Was nimmt eigentlich Ihr vermeintlicher Ratgeber wahr? Wie viele Sorten Schnee hat er in seinem Alltag, in seinem Leben kennengelernt?

Es ist häufig lästig, sich in ein Thema hineinzuschrauben, die Facetten einer Antwort abzuwägen. Ob Zeitdruck, Bequemlichkeit oder Desinteresse, die Gründe für dieses Verhalten sind unterschiedlich, aber das Ergebnis ist immer das gleiche: Die erstbeste Antwort ist niemals die beste Wahrheit – weil wir damit in unserem Realitätsdreieck verharren und vergessen, dass es über diese Grenzen hinaus eine schier unendliche Vielzahl von Möglichkeiten gibt, die wir nicht auf Anhieb sehen. Das gelingt nur, wenn ein Quer- und Vordenken erlaubt ist und sich zur Sachlichkeit das Gefühl addiert.

Als Ignaz Semmelweis vor rund 180 Jahren erkannte, dass die Sterblichkeit der Mütter im Wochenbett eine Frage der Hygiene war, da erntete er den Spott und den Zorn der

Kollegen. Sie, die Halbgötter in Weiß, sollten für den Tod der Patientinnen verantwortlich sein? Aber Semmelweis sah die tödliche Verknüpfung zwischen Autopsie und Operation. Für ihn war es auffällig, dass die Ärzte häufig Leichen sezierten und anschließend die Wöchnerinnen versorgten. Dadurch infizierten sie die jungen Frauen nach der Geburt ihrer Kinder.

Was mit dem Auge nicht sichtbar war, ließ sich mit dem Infragestellen von Wahrheiten erkennen: Semmelweis forderte eine Handdesinfektion mit Chlorkalk. Die Müttersterblichkeit ging zurück – und doch hielt der Spott an.

Semmelweis starb in einer Anstalt für Geisteskranke und kam erst posthum zu Ehren. Von seinem Tiefgang, seiner Fähigkeit, mit dem Geist zu sehen, profitiert die Welt noch heute.

Fliegen, ohne zu fragen

Zum Glück geht es bei der eigenen Suche nach Lösungen nicht um Leben und Tod. Oft sind es Krisen, auf die wir eine Antwort wünschen. Ein Begleiter kann in dieser Zeit Kraft und Zuversicht geben. Er kann einfach nur da sein, mit seiner Empathie stützen. Wenn Sie solch einen Menschen finden, dann dürfen Sie sich glücklich schätzen, denn er wird eines niemals wagen: Ihnen Rat-Schläge zu erteilen.

Das Gespräch mit einem Vertrauten kann durchaus den Blick für eine neue Perspektive öffnen. Seine Meinung jedoch einfach zu übernehmen und als Richtschnur zum Handeln zu nutzen, wäre der falsche Ansatz. Bedenken Sie, dass Ihre Freunde, Bekannten oder Familienangehörigen die Welt anders wahrnehmen als Sie selbst.

Ihre Ressourcen, Ihr Potential, Ihre Energie können nur Sie in sich wecken. Das alles ist intrinsischer Natur. Schön, wenn andere Ihnen Impulse geben. Fliegen aber müssen Sie selbst. Die Fabel vom Adler im Hühnerstall erzählt davon:

Ein Bauer bringt von einem Spaziergang im Wald ein aus einem Horst gefallenes Adlerei mit nach Hause und legt es zu den Hühnern in den Stall. Die brüten das Ei aus. Als der Adler schlüpft, wächst er auf wie ein Küken. So lernt der Adler, wie ein Huhn zu gackern und im Mist zu scharren. Eines Tages pickte er draußen vor dem Stall selbstversunken die Körner auf, als ihm die Silhouette eines Adlers auffällt, der am Himmel seine Kreise zieht. Bewundernd sagt er: „So möchte ich auch fliegen können." Die anderen Hühner lachen ihn aus und reden auf ihn ein: Er sei kein Adler, er sei ein Huhn, und Hühner könnten nun mal nicht fliegen. Der Adler blickt betrübt zu Boden – und pickt weiter.

Er hätte nur einmal versuchen sollen, seine Flügel auszubreiten. Er hätte sich in die Lüfte erhoben. Dann wäre er dem tristen Leben im Hühnerstall davongeflogen. Stattdessen übernahm er das, was die Hühner ihm nach bestem Gewissen erzählten und vorlebten – und machte es sich zu eigen.

Ich wünsche Ihnen, dass Sie Ihre Flügel ausbreiten – auch wenn andere Ihnen davon abraten. Glauben Sie niemandem außer sich selbst. Wenn Sie mich an dieser Stelle fragen, wie Sie zu diesem Selbstverständnis gelangen können, dann werde ich schweigen. Ich gebe hier keine Ratschläge. Aber ich verrate Ihnen, was mir damals half, aus meiner Krise und damit den Weg zu mir selbst zu finden. Ich meditierte.

Meditation ist eine von vielen verschiedenen Möglichkeiten, das innere Dickicht zu lichten. Wer meditiert, geht aus der Beta-Sequenz heraus und gelangt in die Alpha-Schwingung. Das Faszinierende ist, dass wir mit diesem Wechsel unser Ego verlassen können. Durch Konzentrations- und Atemübungen kommt der Körper zur Ruhe, die Aufmerksamkeit richtet sich nach innen. Wir lassen los. Lassen belastende Gedanken ziehen, schaffen Platz für Neues, Positives, für ein Glücksgefühl.

Wer meditiert, schlüpft in die Rolle eines Beobachters. Von dieser Position aus erhält ein Problem eine Sachlichkeit, und damit schrumpft es auf ein Normalmaß zurück. Was vorher überdimensioniert wirkte, wird nun klein. Es entsteht wieder Raum für Wünsche, für positive Gedanken, für eine Sicht auf die eigene Essenz.

Was Ihnen hilft, werden Sie selbst erspüren. Vielleicht lockt Sie die Vorstellung, 700 Kilometer den Jakobsweg zu marschieren, den Kilimandscharo zu erklimmen oder einen Sommer lang in einer einsamen Almhütte zu leben. Vielleicht kramen Sie wieder Ihre erste elektrische Eisenbahn aus dem Keller, um mit Ihren Kindern zu spielen. Ein Spaziergang im Wald, die Faszination für Musik, alles ist richtig, wenn es sich für Sie gut anfühlt.

Die Hauptsache ist doch, Sie lauschen dabei Ihrer Seele.

Route 66 und andere Sackgassen

Atemberaubend cruist er über die Landstraße. Die Nachmittagssonne spiegelt sich in seiner Motorradbrille, die Boots liegen schwer auf den Fußrasten. Er ist auf dem Rückweg seiner ersten Sonntagstour. In der Ferne sieht er schon die Dächer der Kleinstadt, in der er zu Hause ist. Gleich wird er die Hauptstraße entlangfahren und wissen: Die anderen sehen ihm nach, bewundernd, neugierig, vielleicht sogar neidisch. Eine Harley wollen viele fahren, er besitzt sie. In der Garage angekommen, schaltet er den Motor aus, steigt schwerfällig ab. Der Rausch ist vorbei. Der Helm drückt. Die Jacke engt ihn ein. So richtig beseelt hat ihn diese Fahrt nicht. Seltsam. Dabei war die Maschine schon lange sein Traum.

Haben Sie auch Träume, die mit Vernunft nicht zu erklären sind? Die irgendwann in Kindertagen entstanden und von denen Sie glauben: Wenn die sich erfüllen, dann bin ich glücklich? Vielleicht schütteln andere den Kopf, wenn Sie davon schwärmen, weil diese Träume nach Unvernunft klingen, aber Sie halten daran fest und wissen: Eines Tages wird dieser Traum wahr. Und dann?

Sie hoffen auf einen Zustand tiefer Zufriedenheit. Sie glauben, dass mit diesem Traum das Leben eine Leichtigkeit erhält. Dabei ist eines sicher: Nichts von dem wird sich einstellen. Im Gegenteil. Das Herz hüpft nur kurz. Hinter der ersten

Begeisterung gähnt ein Loch. Das Loch der inneren Leere. Dort hinein wollten Sie den Traum stopfen, aber das Loch bleibt und die Schwere in der Stimmung kehrt zurück.

Die Harley ist für mich ein Bild für die Enttäuschung, die Träume mit sich ziehen. Männer, die sich dieses teure Gefährt leisten können, glauben häufig, mit einer ledernen Jacke und einem lauten Sound erführen sie die Freiheit, die ihnen der Job nicht gibt. Sie denken, dass sich Zufriedenheit mit Lifestyle erkaufen lässt. Ich weiß, wovon ich rede, denn auch ich nahm an, Symbole könnten meinem Leben Werte geben. Ich war ein Symbolsammler und versuchte dabei, möglichst bequem vorzugehen. Statt einer Harley kaufte ich mir ein Trike zum Cruisen. Schon als Kind träumte ich von Fahrten ohne Dach zwischen Himmel und Erde. Damals sah ich mir den Kinofilm „Easy Rider" ein Dutzend Mal an. Ich kam ins Schwärmen über dieses Hippieleben. Es war ein Zeichen gegen das Establishment, es war ein Gefühl von Freiheit und Rebellion, das ich spürte. Es weckte in mir ein Bild von Unabhängigkeit. Wie weit habe ich mich von der jugendlichen Rebellion zwischenzeitlich entfernt? Aber irgendwann flackerte dieser Kindheitstraum wieder auf. Ich investierte in ein Trike, das ich für 70.000 Franken anfertigen ließ. Heute weiß ich, das war nur der Versuch, eine alte Apfelverletzung aus der Kindheit zu heilen. Das Ärgerliche ist nur: Die Heilung des inneren Kindes klappt nicht durch eine Harley- oder Trike-Betäubung. Und doch gibt es Harley-Fahrer, zu denen passt die Maschine. Sie ruhen darauf und in sich. Hier stimmt das Bild. Bike und Fahrer sind eins, die Leidenschaft und Fahrfreude sind – auch auf Distanz – fast körperlich spürbar. Für sie ist die Harley kein Accessoire, sondern ein Lebensgefühl, das aus ihrer Essenz entspringt. Sie versuchen nicht mit einem teuren Gerät einen alten Kindheitsschmerz zu tilgen. Sie müssen sich nicht beweisen, dass sie unabhängig, bewundernswert, beachtet sind. Sie fahren nur für sich selbst.

Wem es gelingt, durch Erfahrung klug zu werden, wer sich gedankliche Reflexionen zutraut, der wird diese Wunden behutsam und mit Selbstliebe zudecken können. Stellen Sie sich einmal diese Fragen:

- Was will ich wirklich, wirklich mit meinem Leben anfangen?
- Was fühlt sich in mir gut an, auch wenn andere es nicht gutheißen?
- Wofür tausche ich meine Lebenszeit, damit sich meine Glücksmomente wie Perlen auf einer Kette aneinanderreihen?

Symbole anzuhäufen, das führt uns von diesen existentiellen Fragen fort. So wird die Harley zum Platzhalter für nicht erhaltene Elternliebe, für Minderwertigkeitsgefühle, für Probleme in Beziehungen. Was wir Träume nennen, ist dann nichts weiter als pure Kompensation. Haben Sie keine Angst davor, die Täuschungen aufzudecken, die die Symbole Ihnen gebracht haben. Jede Ent-Täuschung ist eine Befreiung von einer Täuschung und erlaubt Ihnen, das wirkliche Thema in sich zu lösen.

Wir nehmen uns leider nicht die Zeit, uns auf innere Entdeckungsreise zu begeben. Wir sind gefangen im Alltag, gehen unter in Aufgaben. Das verkrustet die inneren Wege zu uns selbst. Dann kann eine professionelle Begleitung sinnvoll sein. Dann gibt es einen Termin im Kalender. Das setzt einen Impuls zum Handeln. Ein erfahrener Coach, Psychologe oder Hypnotiseur kann durchaus Schritte zur Selbstheilung auslösen. Den Weg gehen müssen Sie selbst, mit Empathie und Mitgefühl lassen sich diese Bruchstellen im Leben kitten. Bewährte Techniken wie Meditation oder Yoga können Vergebungsprozesse für sich und andere anregen. Wenn wir uns selbst und anderen verzeihen, dann brauchen wir die Kompensation nicht mehr.

Es gibt zum Thema Selbstfindung Regalmeter von Büchern. Vielleicht finden Sie eines, das Sie in Tonalität und Themenschwerpunkt anspricht? Alles kann Sie weiterbringen auf dem Weg zur inneren Zufriedenheit – und ist preislich Peanuts gegen den Versuch, die kindliche Verletzung in späten Jahren mit einer Harley oder einem Trike zu kitten.

Übrigens: Wenn Sie nach der Reflexion über den Sinn Ihres Lebens immer noch den unbeschreiblich starken Wunsch spüren, mit einer Harley auf der Route 66 dem Sonnenuntergang entgegenzufahren, dann sollten Sie schleunigst ins nächste Reisebüro stürzen und sich ein Easy-Rider-Ticket kaufen. Dann ist Ihr Traum echt. Jede Zelle in Ihnen wird vor Freude Hurra brüllen. Damit fühlt sich die Biker-Jacke an wie eine zweite Haut, und endlich, endlich schießen die Dopamine im Überfluss.

Wenn Sie aber nur einem Symbol hinterherjagen, werden sich keine Glücksgefühle einstellen. Dann agieren Sie nur aus einem Mangel heraus. Ihre Harley soll eine Lücke in Ihrem Leben füllen und ist am Ende nichts weiter als ein Flop. Sie sind auf dem Weg in eine Sackgasse.

Die große Leere auf dem Felsen

Ich selbst hatte mich schon einmal in eine Sackgasse hineinmanövriert. Damals mit meiner Kanzlei in Hamburg. Nachdem ich diese erste Karriere abgebrochen hatte, wollte ich alles richtig machen. Ich fing noch einmal ganz von vorn an und startete mit der Zusammenarbeit mit einem Unternehmen für Wellness- und Gesundheitsprodukte. Ich war mir sicher: Diese Aufgabe passt zu mir. Ich würde nicht noch einmal meine Seele verkaufen.

Ich hängte mich mit vollem Herzen in die Sache und war schon nach kurzer Zeit extrem erfolgreich. Aus Verbindlichkeiten in Millionenhöhe war sehr schnell wieder eine Million auf der Habenseite geworden.

Hört sich gut an, oder? Fand ich auch. Dennoch bin ich über das Ziel hinausgeschossen, habe meine Seele im Taumel des Geldverdienens wieder vergessen. Man könnte sagen: Ich wies alle Merkmale eines Neureichen auf: Ich charterte einen Privatjet, wenn mir danach war. Ich holte Freunde ab, trank in der Luft Champagner und flog mit ihnen zu einem Polterabend von Bern über Baden-Baden nach Hamburg. Einfach so. So vergingen ein paar Jahre. Am Ende hatte ich nach meinem überdurchschnittlichen Erfolg nicht viel mehr getan, als Strände zu testen, meine Investments zu verwalten und mir zu überlegen, was ich mir als Nächstes kaufen oder mieten oder überhaupt mit meiner Zeit anfangen sollte. Das ging so lange gut, bis ich einen Störfaktor spürte. Entstand dieser in der Kindheit aus einer Armut heraus, so meldete er sich nun aus dem Reichtum heraus. Ich nahm ihn ernst und überlegte:

Ich hatte mein Ding durchgezogen, war beruflich meinem Herzen gefolgt. Ich hatte getan, wonach mir der Sinn stand. Und trotzdem war ich nicht emotional erfüllt. Dieser Schmerz, diese Traurigkeit waren um Welten größer als damals in Hamburg an der Alster. Damals hatte ich gespürt, dass ich diese Fremdbestimmtheit ablegen musste, dass dieses Fassadendenken mich von meiner Seele entfernt hatte. Damals kannte ich meinen Feind. Und jetzt? War der Wohlstand mein Feind? Sollte ich wieder von vorn anfangen? Sollte das ewig so weitergehen mit diesem Auf und Ab?

Vielleicht war es besser, in Askese zu leben. So wie die Mönche. Sie hatten nicht viel mehr als eine spartanische Kammer, ein Bett, einen Tisch und einen Stuhl. Sie aßen, was sie in ihrem Klostergarten anbauten. Sie lasen, sie schwiegen, sie beteten. Und sie waren glücklich. Sie waren Gott nahe. Sie waren beseelt. Ich beneidete sie heftig um diesen Frieden. Die Einsicht fand ich in Gibraltar, die gebe ich gerne an Sie weiter:

Der Wohlstand an sich ist gar nicht das Problem. Materieller Reichtum oder materielle Armut haben letztlich nichts mit dem Glücklichsein zu tun. Was über das Glück entscheidet, das ist der eigene Sinn im Leben. Ich war zwar bemüht gewesen, meine Seele nicht zu verraten, kam aber doch vom Kurs ab. Außer einem luxuriösen Zeitvertreib fehlten mir die Meilensteine in meinem Leben. Ich hatte keinen Grund mehr, morgens aufzustehen. Was würde ich die nächsten 20, 30 Jahre vollbringen? Earl Nightingale definiert Erfolg so: Er ist „die fortschreitende Realisierung eines wertvollen Zieles". Mir fehlte es.

Um wieder etwas zu finden, das mir im Leben wichtig war, ließ ich mich auf eine Übung ein, die mir von einem Coach empfohlen wurde: Ich sollte mir vorstellen, wie ich zu einem ärztlichen Check ging. Gewicht, Größe, Stoffwechsel, Organtätigkeit, Blutdruck und Blutwerte wurden gemessen. Am nächsten Tag würde der Arzt mit leiser Stimme am Telefon sagen: „Die Ergebnisse liegen nun vor." „Prima", sollte ich antworten, „ich gehe davon aus, es ist alles in Ordnung, so wie immer." Das Zögern des Arztes würde mich verunsichern, denn es folgte: „Die Werte sind schlecht. Sie haben nur noch sechs Monate zu leben." Ich sollte mir aufschreiben, was mir in diesen sechs Monaten Lebenszeit wichtig wäre. Dann würde das Telefon ein zweites Mal klingeln. Wieder würde sich der Arzt melden. „Entschuldigung, das ist mir sehr unangenehm, aber wir haben einen Fehler gemacht. Es sind nicht sechs Monate, sondern es ist nur noch ein einziger Monat, der Ihnen bleibt." Ich sollte noch einmal in mich gehen und diesen Zeitraum überdenken. Würde mir klarer werden, was mir wichtig wäre, wenn sich die Zeit wieder verkürzte? Das Telefon aber sollte noch zweimal dazwischen schrillen: „Sie leben noch eine Woche." „Sorry, nun ist es endgültig: Nur noch einen Tag."

Bei manchen Teilnehmern bringt das die Klarheit, um sich auf das Wesentliche zu konzentrieren. Bei mir nicht.

Auch eine andere Übung, die Trainer mit Vorliebe zum Besten geben, zeigte bei mir keine Wirkung. Der Coach fragt dann: „Was sollen Ehepartner, Familie, Bekannte, Geschäftsfreunde über Sie sagen, wenn sie die letzten Worte an Ihrem Grab sprechen?" Dann sehen manche Teilnehmer in der Regel andächtig in die Runde. Sie denken nach, suchen nach erwähnenswerten Vorzügen, die andere beeindrucken. Mir ist das völlig egal. Wäre es mir wichtig, dann würde ich mein Leben nach deren Ansinnen ausrichten. Ich hätte meine eigenen Ziele vernachlässigt, meine eigene Essenz vergessen. Ich hätte die Blende falsch ausgerichtet.

Auf die Idee, mich zu fragen, was wohl meine Seele oder gar Gott über mich sagen würden, wenn sie auf meinen Sarg blickten, kam ich damals noch nicht. Vielleicht hätten sie mit dem Kopf geschüttelt: „Du hast dein Lebensthema verfehlt, deine Chancen vergeigt."

Erst später, viel später, als ich längst in die Bücherwelt zu diesem Thema eingetaucht war, stolperten meine Augen über einen Satz, der mich bis heute beeindruckt: „Was soll 500 Jahre nach deinem Tod noch von dir sichtbar sein?" Diese Vorstellung berührte mich sehr. Was wäre, wenn ich in 500 Jahren von Wolke sieben aus meine Spuren erkennen könnte? Alle Welt redet heute von Nachhaltigkeit. Dieser große Begriff schwappt durch unseren Alltag. Er ist politisch, wirtschaftlich und irgendwie nicht für den Einzelnen gemacht. Mit diesem Gedanken aber erhält der Begriff für mich eine Kontur. Ich war gedanklich in meinem Zellkern gelandet, in meiner Essenz. Wie schön ist die Vorstellung, dass Menschen etwas Gutes bewirken, das bleibt, auch wenn sie sich irgendwann verabschieden müssen aus diesem Leben.

Was ist Ihr 500-Jahres-Ziel?

Wo ist Norden?

Viele Menschen hören auf, sich weiterzuentwickeln, wenn ihr Konto voll ist. Sie haben es „geschafft" – und horchen nicht mehr in sich hinein. Es gibt keine Ziele mehr. Und so begehen sie einen gefährlichen Irrtum: Sie knüpfen ihre Zufriedenheit an materielle Dinge. Sie stecken immer mehr Energie in ihr ausschweifendes Leben. Immer höher, immer weiter. Doch der fünfte Flug mit dem Privatflugzeug ist eben nur noch halb so spannend. Und so braucht es wieder einen neuen Kick. Aber es wird nicht funktionieren. Denn wenn Sie kein wertvolles Ziel haben, das haargenau mit Ihrem Purpose übereinstimmt, wird alles, was Sie tun, irgendwann schal.

Verstehen Sie mich nicht falsch. Ich habe überhaupt nichts gegen Wohlstand. Im Gegenteil. Mir geht es auch nicht um Askese. Mir geht es vielmehr darum, dass Materielles nicht zu Ihrem persönlichen Nordpol werden darf. Ihre Kompassnadel braucht andere Magneten als das nächste, noch größere Auto. Ihre Kompassnadel braucht Magneten, die Ihrem Purpose entsprechen. Mit einer stetigen Reflexion über Ihr Denken und Handeln entdecken Sie ihn. Das ist umso wichtiger, je erfolgreicher Sie werden. Denn dann locken links und rechts die Versuchungen. Dann buhlen all die Götzen darum, angebetet zu werden. Doch eines ist sicher: Wenn Sie sich Ziele setzen, die nicht Ihrem Purpose entsprechen, dann werden Sie niemals glücklich, sondern immer nur noch trauriger.

Gerade wenn Sie beruflich in Ihrem Zenit stehen, brauchen Sie etwas Starkes, etwas Großes, das Ihrem Leben eine Richtung gibt. Etwas, das Ihre Kompassnadel festhält, auch wenn andere Magneten ziehen. Etwas, das Sie in der Bahn laufen lässt, die zu Ihrem Naturell gehört. Und Sie vor falschen Symbolen bewahrt.

Und jetzt fragen Sie sich noch einmal: Was verbinden Sie mit „Ihrer Harley", Ihren Spielzeugen, die Sie sich in den schönsten Farben ausmalen?

Brauchen Sie die teure Maschine, um Ihren Nachbarn zu beeindrucken? Ist sie ein Statussymbol, das allen zeigen soll, dass Sie es geschafft haben? Gehört sie zum guten Ton? Dann sind Sie auf dem besten Weg, in die Sackgasse zu kurven. Dann erfüllen Sie sich Träume, die gar nichts mehr mit ihnen zu tun haben. Sie hängen sich an Vergangenes, weil Sie keine Vision für die Zukunft haben.

Träume können glücklich machen, manchmal. Besser aber ist es, im echten Leben anzugreifen. Ändern Sie Ihren Alltag so, dass er zu Ihnen passt. Kündigen Sie meinetwegen Ihren Job in der Bank und starten Sie Ihre Karriere als freier Künstler, als Surflehrer oder Kaffeebudenbesitzer. Verkaufen Sie Ihr Reihenhaus und ziehen Sie in die Wohnung in der Innenstadt oder in die Hütte nach Thailand.

Das habe ich begriffen, damals auf meinem Felsen von Gibraltar. Mein Ding durchziehen, ist völlig o.k. Es muss nur das Richtige sein. Und das Richtige bleiben. Aus dieser Einsicht entstand der Kernsatz meiner Beratung: Winning *for* life, not just winning *in* life!

Das ist fast mein 500-Jahres-Ziel. Dazu später mehr.

Ego-Kalkulation

Verschüttet. Verkleidet. Versteckt. Irgendwo auf dem Weg zwischen Kindheit und Karriere haben wir es verloren. Was? Unser Ding. Es entscheidet darüber, ob wir im Leben tiefen Frieden finden oder ob wir grübeln oder rastlos werden. Wer sich auf die Suche begibt, um sein Ding zu finden, der kommt am inneren Chaos nicht vorbei. Denn diese Suche ist der Weg zum Ich und führt uns mitten hinein in die Seele.

Irgendwie ist dort alles zugestellt – wie auf einem überfüllten Dachboden. Da ist der alte Strohhut Ihres Großvaters, die durchtanzten Ballettschuhe Ihrer Mutter. Ganz hinten steht die alte Wiege, in der Sie und Ihre Geschwister geschlafen haben. Dazwischen Fotos, Ihr Doktorhut und das rostige Mofa des Vaters. Ein Stapel voller Erinnerungen – und doch kein Gänsehautgefühl. Sie sammelten, verwahrten, wischten einmal im Jahr den Staub von der Oberfläche. Nun stöbern Sie in diesen Sachen herum und wissen doch: Alles, was hier liegt, sind nur Momentaufnahmen Ihres Lebens. Was Sie suchen, nämlich Ihr Ding, das finden Sie in diesem Durcheinander nicht. Genau das ist das Problem. Ihr wahres ICH kam mit den Jahren abhanden.

„Ich könnte den alten Plunder einfach beiseiteschieben. Geschwind aufräumen, durchfegen – dann fühle ich mich leichter, dann sehe ich klarer", denken Sie vielleicht. Aber so einfach ist es leider nicht. Selbst wenn Sie das Mofa vom Dachboden räumen, so hat es doch bleibende Spuren hinterlassen. Die durchziehen den Alltag. Ob Sie wollen oder nicht: Die sind manchmal das Pulver für Konflikte oder für den Schmerz auf der Seele. Ich denke an einen Freund aus Toronto, nennen wir ihn Richard:

> Plaudernd und gutgelaunt schlenderten wir durch die Innenstadt. Wir hatten uns längere Zeit nicht gesehen, hatten uns viel zu erzählen. Irgendwann entschieden wir, in eine der kleinen Kaffeebars zu gehen. „Setz dich, ich hole die Getränke", bot Richard an, ging zum Tresen und reihte sich in die Schlange der Wartenden ein.

> Da erhielt ich eine SMS von ihm: „Was willst du eigentlich trinken. Wie früher, schwarzen Tee mit Zitrone?" Ich schaute zu ihm rüber. Er grinste mich über viele Köpfe hinweg an und hielt sein Smartphone hoch. Ich schrieb zurück: „Perfekt." Und fügte meiner Nachricht einen Smiley mit Kussmund hinzu.

> Kurze Zeit später bahnte er sich mit zwei großen dampfenden Tassen den Weg zum Tisch. Ich sah schon von weitem sein verdüstertes Gesicht. Nachdem er die Tassen auf den Tisch gestellt hatte, schimpfte er los, bevor er saß:

> „Hallo? Was sollte das denn?"

> Ich war irritiert: „Was?"

> „Na, du wirst auf deine alten Tage echt komisch!"

> „Wieso? Was ist denn passiert?

> „Du kannst doch einem 50-jährigen Mann kein Herzchen mit Küssen schicken! Ich bin doch kein kleines Mädchen! Und du auch nicht!"

Ich hatte einfach nur getan, wonach mir der Sinn stand. Und ich hatte spontan meine Freude und Dankbarkeit ausgedrückt. Aber die Art, die ich gewählt hatte, verstand er nicht. Da gab es nichts zu diskutieren, das spürte ich, und nach meinem Schulterzucken redeten wir weiter, aber die Freude des Wiedersehens war ein wenig getrübt.

Später am Abend überlegte ich, wieso diese Geste ihn derart verärgert hatte. Warum konnte er nicht humorvoll meinen Smiley samt Küsschen annehmen? Weil er gerade schlecht gelaunt war? Weil er mit seinen Gedanken abgeschweift war? Nein, der Grund ist: Er ist anders konditioniert. Er trägt Spuren mit sich herum, die ihn genau so und nicht anders handeln lassen. Es hat nichts mit seiner Persönlichkeit oder seinem wahren Wesen zu tun. Vielmehr ist mein Smiley an seiner unsichtbaren, aber sehr mächtigen Hülle abgeprallt. Solch eine Hülle hat jeder Mensch. Nur ist sie jeweils unterschiedlich beschaffen.

Von Geburt an erhält jeder Mensch seine Prägungen. Er kommt als unbeschriebenes Blatt zur Welt und wird dann geformt. Zunächst von den Eltern. Das Kind erhält einen Namen. Fortan ist dieser kleine Mensch Max, Boris, Tanja oder Hillary. Er hat eine erste Klangfarbe. Dann folgen die Wörter, aus denen Regeln werden. „Mit Wörtern ordnen wir die Welt: Wir kleben Namensschilder auf die Fülle der Erscheinungen und den Strom der Gefühle, wir machen uns die Umwelt durch Benennung handbar", schreibt der Sprachforscher Wolf Schneider. (2011, S. 11)[10] Aber diese Namensschilder sind mehr als nur Ordnungselemente im Lebensdschungel. Die sind mehr als Wegweiser oder als Warnung vor Gefahren. Die sind oftmals Klebstoff, der sich im Laufe der Jahre im Gehirn verhärtet. Was einst gedacht war als Kittmasse für ein Zusammenleben in der Familie, endet in einer zähen Erziehung: „Ihr müsst untereinander teilen!", „Mit vollem Mund spricht man nicht!", „Wenn die Erwachsenen reden, bist du leise!", „Beim

Begrüßen schaut man sich ins Gesicht, nicht auf den Boden!", „Es ist egal, ob du ihn magst, du bist gefälligst freundlich, es ist schließlich unser Nachbar!", „Zuerst die Hausaufgaben, dann kannst du raus!", „Der Teller wird leer gegessen!"

Es folgen zusätzliche Impulse aus Institutionen wie Krippe, Kindergarten oder Schule. Und so wird jedem Kind sehr schnell klar, was es zu tun und was es zu lassen hat, was zum guten Ton gehört und was nicht. Kinder lernen schnell, und Kinder vertrauen den anderen – in den ersten Lebensjahren haben Eltern und Lehrer leichtes Spiel: Kinder zwischen drei und sechs Jahren sind zu hundert Prozent offen für Prägungen von außen. Hirnforscher haben herausgefunden, dass in diesem Alter jeder Gedanke Eingang findet. Jeder. Der Mensch kann in dieser Zeit quasi grenzenlos vollgestopft, programmiert – und manipuliert werden. Erst später während der Pubertät entwickelt das Gehirn die Möglichkeiten für Filter und Abwehrmechanismen. Erst mit den Jahren kann ein Mensch entscheiden: Diese Gedanken lasse ich durch, aber jene erhalten keinen Zugang, weil ich sie ablehne. Kaum einer erzählt uns, dass wir über diese Kompetenz so früh verfügen können, kaum einer hilft uns, diese sinnvoll zu nutzen. So bleiben wir über eine lange Strecke unseres Lebens manipulierbar.

Evolutionsgeschichtlich ergab das Erziehen nach Kommando einen Sinn: Die Sippe bestimmte, was gelten sollte und was nicht. In Urzeiten war das eine Überlebensgarantie: Grüne Beeren sind giftig, die roten kannst du essen! Hörst du ein Brüllen, dann lauf weg, so schnell du kannst! Die Kobra ist dein Feind, das Stachelschwein nicht! Nachts gehen wir in die Höhle, ins Zelt oder ans Feuer, sonst ist es zu gefährlich! Bei Gefahr konnte nur eine eingetrommelte Verhaltensweise gelten, jegliches Nachdenken, Reflektieren, Abwägen wäre der sichere Tod gewesen. Vor Jahrtausenden aber gab es nur wenige Wörter, und die Orientierung war einfach. Heute prasseln viele Hunderte Millionen Wörter auf einen Menschen ein, und es bedarf einer hohen Reflexionsgabe, um sich in dieser Sprachwelt zurechtzufinden. Einschränkungen, Reglementierungen, Drohgebärden und immer wieder das Spiel um die Angst verhindern ein freudvolles Umgehen mit dieser Vielfalt. Kommandos für Kinder lähmen das Sprachgefühl.

Ich finde es sehr wichtig, dass überlebensnotwendige Verhaltensweisen gut im Kind verankert werden. Straßenverkehr, Steckdosen, Herdplatten und vieles mehr erfordern ein Handeln ohne Reflexion. Vorsicht: Lebensgefahr. Hier eine Achtsamkeit anzutrainieren, zählt zu den grundlegenden Aufgaben der Eltern, es ist ihre Fürsorgepflicht. Allerdings sollte sich jenseits von Gefahren die Schranke der Verbote und Vorschriften öffnen, damit das Kind eine weite Wertewelt erfassen darf. Es hat einen Anspruch darauf, dass seine Fragen sensibel beantwortet und nicht mit Plattitüden erstickt werden. „Ach, das war schon immer so." „Nein, das macht man eben nicht." „Halte dich an die Regeln!" Die gemeinsame Suche nach Antworten erfordert Zeit und Zuwendung, sie mag einen Tick anstrengender sein, als Programmierungsregeln herunterzuleiern, aber sie verhindert das Denken in Schablonen. Denkräume im Kindes- und Jugendalter zu öffnen, Kinderfragen zuzulassen und ernst zu nehmen, das ist die beste Methode, Rassismus, Armut und Kastendenken vorzubeugen. Glücklich, wer solche Eltern und Lehrer an seiner Seite weiß. Denn wer nicht lernen darf, fremde Gedanken zu überprüfen und abzulehnen, der wird an den erwähnten Schnüren laufen und manipulierbar bleiben. Der wird irgendwann später auf dem Dachboden verzweifelt nach dem eigenen Ding suchen.

Aber bleiben wir einmal bei der Alltagsnormalität. Da sagt die Mutter zu ihrer Bekannten im Beisein der Tochter: „Ja, unsere Kleine ist recht schüchtern." Oh. Ab diesem Moment weiß das Mädchen: Ich bin schüchtern. Oder die Großmutter lobt beim Adventsbasteln: „Du bist wirklich eine richtige kleine Künstlerin." Aha. Die Grundschullehrerin tadelt den siebenjährigen

Jungen: „Du bist zu wild. Du bist ja ein Rabauke!" Oh. Oder der Vater sieht in ihm schon den Profi-Fußballer: „Du bist ein echter Stürmer!" – Ich könnte diese kleinen Bemerkungen endlos fortsetzen. Wir kennen sie, wir haben sie alle gehört, gespeichert, rufen sie selbst im Erwachsenenalter ab. Diese Bemerkungen sind zu den Headlines des Lebens geworden, überschreiben dick und fett die grauen Zellen. Sie sind unsere Glaubenssätze und damit die Prägung aus Kindertagen. Die kleine Künstlerin wird sich zeit ihres Lebens mit Malen und Kunst beschäftigen, der Rabauke wird gar nicht erst versuchen, ein feinfühlender Mann zu sein, sondern sich mit anderen Rabauken umgeben, das schüchterne Mädchen wird noch als reife Frau mit hektischen Flecken am Hals reagieren, wenn sie vor Kollegen reden soll.

Dieser Mechanismus ist auch eine Erklärung dafür, dass Jungen in der Schule sich eher für naturwissenschaftliche Fächer interessieren. Sie stellen später in der Physik- oder Mathematikvorlesung an der Uni die überwältigende Mehrheit dar, während Mädchen sich für andere Fächer entscheiden und glauben, sie hätten für Zahlen kein Talent. Sie alle folgen reinen Glaubenssätzen, Ergebnissen der Sozialisation, die mit den ursprünglich angelegten Fähigkeiten nichts zu tun haben. Sie werden von Eltern und Lehrern übergestülpt, ob verbal oder nonverbal, spielt keine Rolle, auch unausgesprochene Worte haben ihre Wirkung.

Ganz langsam erst entsteht für dieses Chancen-Dilemma ein Bewusstsein: Mädchen trauen sich, Männerberufe zu erlernen – und sie sind gut, sehr gut darin. Sie bringen eine Menge Energie auf, um sich und allen Vorurteilern zu beweisen: Wir schaffen das, wir strafen euch Lügen. Ich habe mich gefreut, als ich die Schlagzeile im Spiegel las: „Weibliche Werkstatt-Azubi: Johanna schraubt sich glücklich".[11] Endlich brechen alte Muster auf, und die Medien sehen hin. Solche Meldungen geben Zuversicht, dass die Erkenntnisse der Gehirnforschung auch im Alltag ankommen: „Das System des Realitätssinns und der Risikobewertung entwickelt sich verstärkt nach dem dritten Lebensjahr, wenn die kognitiven Fähigkeiten des Gehirns, insbesondere in Hinblick auf die Aufmerksamkeit und Gedächtnisleistung, sich allmählich ausbilden." (2014, S. 150)[12] Im besten Falle erhält das Kind ein Selbstbewusstsein für sich und andere und darüber hinaus die Fähigkeit, seine Umwelt zu hinterfragen. Denn das Bauen des Ichs beginnt in diesen ersten Jahren.

Jeder Mensch schafft im Laufe der Zeit ein Selbstbild. Es ist ein Mix aus Selbsterleben und Fremdzuweisung. Daran ist an sich nichts Verwerfliches. Jeder muss sich ein Gesicht geben, ein Image. Jeder braucht seine Ecken und Kanten und Wiedererkennungswerte. Diese Form, die jeder sich gibt, wird gemeinhin als Ego bezeichnet. So weit, so gut. Doch hier wird es spannend. Haben Sie einmal versucht, Ihr Ego mit Abstand zu betrachten? Wenn Sie aus einer gewissen Distanz heraus Ihr Verhalten lenken können, haben Sie es in der Hand, wie Sie agieren. Sie könnten die Zähne zusammenbeißen und das jeweilige Ding durchziehen – eben, weil es von Ihnen erwartet wird und alles andere unverhältnismäßig viel Kraft erfordern würde. Sie könnten ebenso gut entscheiden, dieses oder jenes zu lassen, weil Sie es so wünschen. Das wäre wunderbar. Dann könnten Sie trennen zwischen SEIN und VERHALTEN. Sie wüssten, dass das, was Sie da gerade tun, oder das, was Sie gerade bei anderen wahrnehmen, eben nur ein momentanes Verhalten ist. Nicht das Wesen. Aber das lehrt uns niemand. Im Gegenteil. Aussagen wie „Du BIST wild" oder „Du BIST schüchtern" zeigen uns: Es ist nicht unser Verhalten, das hier beschrieben wird, es ist unsere Person!

Irgendwann vermischen sich auf diese Weise Identität und Identifikation. Derart ver-rückt, wird das Ego zur Identifikation: „Ich bin halt so!" Und dann beginnen Sie konsequent nur im Sinne und Vorteil Ihres Ego zu leben und zu kalkulieren.

Nach dieser Bewusstseinsverschiebung funktionieren Organisationen und agieren Individuen. Jeder Organismus unternimmt alles, um sich selbst zu erhalten. Jedes Individuum stellt sich mit seinem Ego in den Vordergrund. Dabei verschwindet das Seelen-Ding. Es gibt nur eine Möglichkeit, dieses Verschwinden zu verhindern: wenn es gelingt, immer wieder eine Metaebene einzunehmen und sich in die Position des eigenen Beobachters zu begeben. Von dort aus lässt sich der Unterschied erkennen, ob wir aus einem Verhalten nach geprägtem Muster handeln oder unser eigenes Ding machen. Mit reiner Vernunft lässt sich diese Frage übrigens nicht klären. Der Neocortex entscheidet nicht zwischen real und irreal, für ihn ist das wahr, was wir tun. Ich muss erst erkennen, wie mein Ego aufgebaut ist, um wirklich frei entscheiden zu können. Ich muss den Mut haben, mich von alten Glaubenssätzen zu lösen – und die Klarheit darüber, was meine wirkliche Identität ist.

Die Geister, die ich rief ...

Ein Ego an sich ist nicht verkehrt. Erstens können wir uns sowieso nicht dagegen wehren, eines zu haben. Und zweitens ist es sogar nützlich, um in der Welt zu bestehen.

Wichtig bleibt, dass Sie eine gesunde Distanz zu Ihrem Ego halten und sich darüber hinaus das Bewusstsein erhalten: Ihr Ego ist nichts weiter als ein Konzept, das Sie sich gebaut haben. Es ist Ihre Art, sich in Szene zu setzen. Aber Sie sind nicht Ihr Ego. Diese Hauptrolle des Seins steht ihm nicht zu. Sagen Sie das Ihrem Ego klipp und klar, sonst übernimmt es Ihre Bühne. Und zwar komplett. Ohne Regisseur. Vorhang auf. Spot an. Jetzt entscheidet das Ego über die Fortsetzung Ihres Stückes. Es steht im Rampenlicht – hier will es sein, hier will es glänzen. Um diesen Status zu erreichen, muss Ihr Ego kalkulieren. Es muss den nächsten Schritt berechnen. Aufwand und Nutzen abwägen. Was wird mir gefährlich, was nützt mir? Nur darum geht es nicht. Sie wollen Ihr Ding machen, nicht das des Ego. Ihr Ego darf nicht zu Ihrem Auftraggeber werden, sonst verselbständigt es sich. Das ist vergleichbar mit einer Abteilung in einem Unternehmen. Ist diese Abteilung einmal eingerichtet, entwickelt sie ein Eigenleben. Sie setzt eigene Ziele, bleibt losgelöst vom Rest und will den eigenen Erfolg. In der Art richtet sich auch Ihr Ego ein. Ist es erst einmal auf Ihrer Bühne angelangt, wird es seinen Platz nicht mehr räumen. Jetzt kämpft es mit allen Mitteln ums Überleben. Es braucht Zuwendung. Es braucht Pflege. Es will gestreichelt werden. Sie sind rund um die Uhr damit beschäftigt, Ihrem Ego zu dienen. Wenn Sie es auch nur eine Minute aus den Augen lassen, ist es gekränkt, wird unleidlich, heult auf. Es verlangt nach Wiedergutmachung. Damit ist Ihr Handlungsradius extrem eng. Sie können nichts mehr zweckfrei tun, sondern jeder Schritt, jede Entscheidung dreht sich um Ihr Ego. Wenden Sie sich auch nur halbwegs ab, probt Ihr Ego den Aufstand.

Sie wollen links ausscheren? Sie wollen einmal etwas völlig anders machen? Sie wollen nur noch vier Tage in Ihrem Job arbeiten und einen Tag Ihre Leidenschaft als Tänzer ausleben? Das kann doch wohl nicht wahr sein! Was sollen denn die Leute denken? Ist der Mann, der so eine Spitzenkarriere hingelegt hat, am Ende doch ein Nichtsnutz? Tanzen? Abgelehnt! Sie wollen Ihr schmuckes Eigenheim aufgeben und mit Freunden gemeinsam einen Bauernhof kaufen und bewirtschaften? Geht nicht. Wie wollen Sie denn dann Ihren Lebensstandard halten? Das Schulterklopfen im Golfclub hat doch immer geschmeichelt. Dableiben! Farmer werden? Abgelehnt!

Alles, was Ihr Ego gefährdet, ist nicht zugelassen! Ihr Lebensweg ist konkret abgesteckt. Zum Ausprobieren bleibt kein Platz. Das wäre ja alles nicht so schlimm – wenn diese Straße durch blühende Landschaften in den Garten Eden führte. Aber weit gefehlt. Auf lange Sicht folgt die Einöde.

Hier wächst nichts

Wenn Ihr Ego um sein Wohlergehen kämpft, hat es niemals das „große Ganze" im Blick. Es ist ihm völlig egal, ob es dem Bühnenstück guttut, wenn es diesen oder jenen dramaturgischen Schritt macht. Das einzige Ziel lautet, groß, stark und beachtet zu sein. Wirkliche Bereicherung oder Entwicklung stehen nicht unbedingt auf seiner Agenda. Es ist kein Teamplayer, sondern ein Alphatier, ständig auf der Suche nach Applaus. Um das Ergebnis zu erahnen, müssen wir nur die Schlagzeilen der Magazine lesen: Manager denken an die nächste Dividende, nicht an ihr Unternehmen. Banker hängen an ihren Boni, nicht an ihren Kunden. Und die Pharmaindustrie denkt an den Umsatz – nicht daran, dass die Menschheit gesundet. Nun, ich generalisiere hier – es gibt durchaus Menschen in den Systemen, die es wirklich gut meinen, aber gut gemeint ist längst nicht gut gemacht. Wäre zum Beispiel die Pharmaindustrie nicht auf ihr Ego bedacht, würde sie sich fragen: „Was können wir für die Gesundheit aller erforschen, damit wir uns überflüssig machen? Wie können wir uns auflösen, weil alle Krankheiten dieser Welt geheilt sind?" Was, denken Sie, passiert, wenn ein Pharma-Vorstand in einer Jahresbilanzkonferenz den Stakeholdern verkündet: „Wir haben es! Hier ist die Pille, die alle Kunden total gesund hält. Der Nachteil ist nur, wir verdienen keinen Cent daran."?

Was denken Sie, macht die Vorstandsrunde? Richtig. Sie steckt die Pille in die Schublade und schweigt.

Aber wettern wir nicht zu sehr gegen Vorstände oder Politiker. Wären Sie bereit, für solch eine Pille Ihr Sparbuch zu plündern und Ihr Geld der Pharmaindustrie zu überweisen, damit diese ihre Mitarbeiter zum Wohle der Menschheit umschult? Sie zögern? Sie schütteln vorsichtig mit dem Kopf, weil Sie sich vorstellen, dann selbst mittellos zu sein? Dann sind Sie in guter Gesellschaft. Die Mehrheit verlangt nach Lösungen und ist selbst nicht bereit, das eigene Ego aufzugeben. Nach allen Regeln der Kunst beschimpfen sich die Egos gegenseitig zum Eigenschutz. Sie baden in einer Illusion, alles werde besser, wenn die anderen endlich einmal richtig reagierten. Mit dieser Haltung aber ver-rückt die Eigenverantwortung, können Mobbing, unnütze Krankheiten, Kriege entstehen. Auch wenn die Kosten für Freundlichkeit, Gesundheit, Frieden viel geringer wären, haben unsere Egos doch über Jahrtausende nur gelernt, Geld mit Krankheit und Krieg zu verdienen. Traurig ist das. Und mehr als das: Alle Kriege, die die Menschheit erlebt hat, gehen auf das Konto des Ego einiger weniger Herrscher. Der Dreißigjährige Krieg beispielsweise – einer der blutigsten und folgenreichsten Kriege der Geschichte. Er wurde ausgetragen zwischen Katholiken und Protestanten. Doch eigentlich ging es gar nicht um den „rechten" Glauben, den jede Seite für sich beanspruchte. Nein, die Grausamkeiten drehten sich einzig und allein um die Vormachtstellung in Europa. Ein Machtspiel also.

Als Auslöser des Krieges gilt der Prager Fenstersturz. Prag lag in Böhmen, einem protestantischen Land. Doch oberster Herrscher war seit einigen Jahren der römisch-katholische Kaiser Matthias. Als ihm nun Ferdinand II. auf dem Thron folgte, der sich besonders stark für die Gegenreformation einsetzte, wehrten sich die böhmischen Stände. Nachdem eine protestantische Kirche geschlossen worden war, warfen sie zwei Statthalter Ferdinands und ihren Sekretär aus einem Fenster der Prager Burg, 17 Meter tief in den Burggraben. Dann setzten sie Ferdinand auch noch als König ab und wählten dafür Friedrich von der Pfalz. Das wollte sich Ferdinand nicht gefallen lassen, und so kam es schließlich zum Krieg. Dabei hätte es eine Alternative zu den blutigen Schlachten gegeben. Beide Glaubensvertreter hätten sich an einen Tisch setzen und miteinander reden können. Ferdinand und Friedrich hätten mit Sicherheit eine – für das gemeinsame Land – gute Lösung finden können.

Das Ego der beiden ließ aber eine Win-win-Situation nicht zu. Es dürfen eben nicht BEIDE gewinnen. Das EGO braucht einen SIEG. Es will auf den Thron. Zwei Egos, ein Thron? Eine klare Kampfansage.

Und so sind letztlich alle bösartigen Auseinandersetzungen egogetrieben. Die Sache dient als Etikett, um die Massen hinter sich zu vereinen. Um Verbündete zu gewinnen. Für den eigenen Thronanspruch kann ich letztlich niemanden aufs Schlachtfeld schicken. Für den „rechten" Glauben aber schon. Oder für den Kommunismus. Oder für Allah. Oder für die westlichen Werte. Oder fürs Vaterland. Oder, oder, oder.

Das Ego kennt kein Maß. Es gibt nur die Flucht nach vorn. Einen Gang runterschalten? Ausgeschlossen. Es ist unersättlich. Jeder Schritt regt nur weiter seinen Hunger nach Anerkennung, Macht, Ruhm, Reichtum an. Das Ego wird immer gefräßiger. Das Ganze bekommt eine Eigendynamik. Man muss den Einsatz erst verdoppeln, dann verdreifachen, später verzehnfachen. Und so weiter. Ein Teufelskreis, aus dem es kaum ein Entrinnen gibt.

Kommen wir wieder zurück zu Ihrem Ego, das auf der großen Bühne in der ersten Reihe steht und glänzen will. Denn für Ihr Ego gibt es nur eins: den Wettbewerb. Es kann sich immer nur in Rivalität mit anderen verwirklichen. „Wer hat die beste Quote?", fragen die Journalisten. „Wir sind die besseren Menschen", rufen die Vegetarier. „Die Welt ist gut nur mit uns", singen die Waldorfanhänger. Immer muss das Ego schöner, besser, größer, reicher oder klüger sein als andere. An einem fairen Wettstreit ist ja an sich nichts auszusetzen. Ein Kräftemessen im 100-Meter-Lauf zum Beispiel ist eine sportliche feine Sache. Das Publikum feuert die Sportler an. Die Stimmung ist blendend. Am Ende gewinnt der Schnellste – der Zweitplatzierte reicht dem Sieger die Hand.

Aber dieser sportliche Gedanke fehlt dem Ego völlig. Nur mit einem Sieg kann es sich am Leben halten. Bei ihm geht es immer um alles oder nichts. Wenn es im Kampf verliert, verliert es sich selbst. Verzweifelt fordert es Wiedergutmachung. Es lechzt nach Zuwendung, Trost und Sonderbetreuung. Wie anstrengend für Sie. Können Sie noch frei atmen?

Stellen Sie sich vor, Sie sitzen in einer Bar. Sie prosten sich zu und genießen eine gute Zigarre. Ihre Freunde auch. Sie fühlen sich pudelwohl. Dann erhalten Sie einen Anruf und gehen kurz zum Telefonieren vor die Tür. Als Sie zurückkehren, trifft Sie fast der Schlag. Die Luft im Raum ist zum Schneiden! Meine Güte, wie haben Sie das zuvor ausgehalten? Ganz einfach: weil Sie mit dem Rauch, mit der Enge in der Bar quasi „aufgewachsen" sind. Sie haben sich im Laufe des Abends mit dem Klima im Raum verbündet. Erst als Sie die Bar nach einer Pause wieder betreten, erscheint Ihnen die Luft plötzlich unerträglich.

Und so verhält es sich auch mit Ihrer Ego-Betreuung. Laufen Sie einmal in der Spur, machen Sie weiter. Sie nehmen die Anstrengung auf sich, Sie bemerken die Sauerstoffarmut in sich nicht. Erst wenn Sie aus der Situation heraustreten, erkennen Sie den Mangel. Aber genau davor haben die Menschen Angst. Sie haben Angst davor, sich das Drama vor Augen zu führen. Möglicherweise würde das Gebilde einstürzen, das Sie über die Jahre aufgebaut haben. Und noch schlimmer: Sie würden merken, diese Identifikation, die sie sich gegeben haben, die passt gar nicht zu ihnen. Mit dieser Einsicht ständen sie vor dem Nichts. Sie wären nackt, hilflos, verloren.

Die Vorstellung vom großen Nichts erscheint existentiell bedrohlich. Das schürt die Urangst. Sehen Sie trotzdem in dieses Nichts. Opfern Sie Ihr Leben nicht einem Ego-Konstrukt, einer künstlich erschaffenen Identifikation. Denken Sie daran, Sie suchen Ihr Ding, Ihre Essenz. Sie werden es finden, wenn Sie zwischen Identifikation und Identität unterscheiden.

Fragen Sie sich:

1. Was passiert, wenn ich meine Identifikation jetzt und sofort aufgebe?

2. Wer bin ich, wenn ich ab sofort frei, ohne Muster und Maßregelung entscheide?

3. Wie fühlt es sich an, mit Zuversicht an meine Zukunft zu denken?

4. Was muss ich tun, damit ich nicht mehr für andere die Hauptrolle spiele, sondern mein Lebensstück frei und selbst gestalte?

Nehmen Sie sich ein paar Minuten Zeit für die Antworten, damit sie sich in Ihren Zellen ausbreiten können. Spüren Sie Ihre Freiheit? Gut. Dann kehren Sie dem Mief des alten Raumes den Rücken zu, um blühende Landschaften zu entdecken. Atmen Sie durch, strecken Sie die Arme in die Luft, ab sofort haben Sie den Wettlauf um einen Sieg nicht mehr nötig. Sie sind frei, pur und voller Ideen. Nichts muss bleiben, wie es ist, alles kann sich ändern. Der große Philosoph Karl Popper verlangte gar von den Professoren aller Disziplinen, dass sie ihre Thesen nicht vehement verteidigen, sondern sie stets hinterfragen sollten. Auf diese Weise erst könnten sich die Wissenschaften weiterentwickeln. Diese Forderung übrigens stellte er auch an das Ich eines jeden Menschen: „Wir wissen nicht nur, dass wir leben, sondern jeder von uns ist sich dessen bewusst, ein Ich zu sein; jeder ist sich seiner Identität über beträchtliche Zeitabschnitte bewusst, auch nach Unterbrechungen seines Selbstbewusstseins durch Schlafperioden oder Zeiten von Bewusstlosigkeit; und jeder von uns weiß um die moralische Verantwortung für seine Handlungen." (2008, S. 135)[13] Konrad Adenauer fasste diesen Sinn in seine Sprache: „Kein Mensch, auch nicht die Herren der Opposition, können mich daran hindern, im Laufe eines Jahres wat klüjer jeworden zu sein."

Die Zukunft ist offen – Sie entscheiden mit, was drin sein wird. Denken Sie immer daran: Das Beste kommt noch.

Phantomschmerz

J edes Jahr zu Weihnachten begegnet uns die Geschichte
vom hartherzigen Ebenezer Scrooge. Charles Dickens
soll sie aus Geldnot geschrieben haben – sie wurde ein
Klassiker, ein Lehrstück für Kinder und für Erwachsene. In
den dunkeln Tagen im Jahr, in denen das gemeinsame Fest den
inneren Frieden bringen soll, wird sie aus Tradition erzählt.
Denn sie handelt von der Erleuchtung.

Scrooge steht die Härte ins Gesicht geschrieben. Er mag
weder Menschen noch Tiere, und Mildtätigkeiten sind ihm
zuwider. Was interessieren ihn die Armen und Kranken?
Nichts, gar nichts, sollen sie sich selbst helfen, er ist nicht verantwortlich für ihre Not, so denkt er und verharrt in seinem
Geiz. Weihnachten würde er am liebsten aus dem Kalender
streichen. Er nimmt noch nicht einmal das Wort in den Mund.
Für ihn ist der 25. Dezember ein Tag wie jeder andere. Die
Menschen sollen arbeiten und nicht in gefühlsduseliger Stimmung versinken, wird er wohl denken, wenn er sich durchringt,
seinem getreuen Schreiber einen freien Tag zuzugestehen.
Ebenezer Scrooge ist ein unsympathischer Kauz. Niemand mag
ihn, niemand schätzt seine Gesellschaft, und so scheint auch
dieser Weihnachtstag ein Tag der Monotonie zu sein. Aber es
soll anders kommen als gedacht. Im Laufe dieses denkwürdi-
gen Weihnachtstages wird er vier Geistern die Türe öffnen.
Er wird sie widerwillig eintreten lassen. Sie werden flüstern

und kritisieren, ihm den Spiegel seiner Einsamkeit vor Augen halten. Scrooge wird ihre Magie spüren, die Magie der Selbstreflexion.

Irgendwo in seinem Herzen gibt es einen Punkt, der noch warm und weich ist. Dort piksen die Geister hinein: Sie nehmen ihn mit auf eine Zeitreise durch sein eigenes Leben, vom Kinderzimmer bis zum Grabstein. Scrooge wird zu seinem eigenen Beobachter. Er tritt quasi vor die Türe, und was er sieht, gefällt ihm nicht, denn ihm wird klar: Mit fortschreitendem Alter hat er die Liebe verloren. Wie tief trifft ihn diese Erkenntnis. Wie sehr sehnt er sie zurück und erkennt: Er muss sein Verhalten ändern, seine Sichtweise, seine harte Hülle abstreifen, um das Leben wieder zu fühlen.

Scrooge steht am Ende dieser Weihnachtsgeschichte[14] als fröhlicher Mensch dar. Er hat sein Lachen wiedergefunden, seine geizigen Glaubenssätze durch Großzügigkeit ersetzt. Wie kann dieser Wandel geschehen? Scrooge hat den Lichtkegel von sich abgewendet – und die anderen Menschen angeleuchtet. Ein Kraftakt für einen Ego-Getriebenen. Nun stehen plötzlich die anderen in diesem Spot, und er sieht ihre Not. Sein Ego wird ohrenbetäubend gebrüllt haben, aber er hat sich widersetzt. Damit war eine Änderung möglich. Das Happy End? Scrooge teilt, spendet, wird mitfühlend auf seine alten Tage. Er wird gemocht, geliebt und Weihnachten wird für ihn ein Tag der Freude.

Sicherlich wollte Charles Dickens die ungerechten gesellschaftlichen Zustände in der Mitte des 19. Jahrhunderts kritisieren. Bildungsnotstand und schlechte Arbeitsbedingungen prägten das Leben der Arbeiter. Es war jene Zeit, die den Wandel zur Massenproduktion kennzeichnete. Niedriglohn war die Folge, die Armut wuchs. Die Reichen drehten sich um sich selbst, die Arbeiter gingen gebückt. Ein Ego-Mensch, wie Scrooge zu Beginn der Weihnachtsgeschichte war, der konnte diese Missstände nicht sehen, weil er sein Mitgefühl durch

Geiz und Härte verschüttete. Nur ein energischer Schritt zur Seite kann diese Kruste durchbrechen. Manchmal schafft ein Mensch das nicht mehr allein. Wohl dem, der gute Geister findet, die ihm dabei helfen.

Ich halte die Selbstbeobachtung für ein valides Instrument, sich stetig zu entwickeln und sein Ego in die Schranken zu weisen. Wie oft schleppen wir eine Last mit durchs Leben, einzig weil wir glauben, Situationen ließen sich nicht ändern. Damit vergeben wir Chancen, innerlich zu wachsen, frei zu sein. Damit pflegen wir unter Umständen einen Schmerz aus längst vergangener Zeit.

Mr. Scrooge war es vor seiner „Erleuchtung" nicht möglich, authentisch mit seinen Mitmenschen zusammenzuleben. Er hatte sich, indem er sich krampfhaft an sein Ego klammerte, vollends von der Dorfgemeinschaft isoliert. Derartige Folgeschäden nimmt das Ego in seinem Kampf ums Überleben schlichtweg in Kauf. Um das auszuhalten, macht es sich vor, alles sei in Ordnung. So wie Phantomschmerzen in einem Körperteil pochen, das gar nicht mehr existiert, glauben Menschen, dass mit ihren Beziehungen alles in Ordnung sei. Bei näherem Hinsehen ergibt sich eine völlig andere Szenerie.

Da sagt jemand zu Ihnen, seine Ehe sei hervorragend, alles sei in bester Ordnung, aber wenn Sie einen Abend mit dem Paar verbringen, schlagen Sie die Hände über dem Kopf zusammen, weil Sie das Gefühl haben, in ein Kriegsgebiet geraten zu sein. Um sich selbst zu erhalten, zerstören Egos systematisch Beziehungen und ersetzen sie durch Phantome. Kommt Ihnen die folgende Anekdote bekannt vor?

Die Mücke wird zum Elefanten

Schon wieder eingetrocknet. Sie ballen die Faust und quetschen, bis die Finger weiß werden. Nichts. Dabei haben Sie es eilig, das erste Meeting des Tages beginnt um 8.00 Uhr. Wieso nur schafft Ihre Frau es nicht, abends den kleinen Deckel in die Hand zu nehmen und auf die Zahnpastatube zu schrauben? Wie oft haben Sie sie darum gebeten? Genervt nehmen Sie die Schere in die Hand und zerschneiden die Tube, die Paste quillt heraus, und Sie schrubben Ihre Zähne fester als nötig, denn irgendwo muss die Wut durch ein Ventil, sonst beginnt der Tag mit einem Streit. „Nichts Neues", denken Sie – und verlassen wortlos das Haus.

Das ist Programm: Mann und Frau ziehen nach den gemeinsamen rosaroten Liebeswochen zusammen, aber der Höhenflug der Gefühle endet jäh mit offenen Zahnpastatuben, herumliegenden Socken oder der Mülltüte, die niemand zur Tonne bringt. Erste Beziehungskräche entzünden sich an Nichtigkeiten. Was passiert hier?

Es gibt ein offensichtliches Problem. So weit, so gut. Aber das Interessante ist, dass keiner der Kontrahenten sich um eine Lösung bemüht. Die wäre ganz einfach und sähe wie folgt aus: Die beiden Liebenden erinnern sich kurz an den Zauber ihres Anfangs, der sie in diese gemeinsame Wohnung führte. Sie setzen sich zusammen mit einer wohlwollenden Haltung – und blicken sachlich auf den Umstand, der sie stört. Sie überlegen, wie das Problem aus der Welt zu schaffen ist. Sie klagen nicht an, sie machen sich keine Vorwürfe, sondern betrachten nur die Zahnpastatube, die Socken, den Müll. Möglicherweise erhält jeder seine eigene Tube. Schraubt sie zu oder lässt sie offen, ganz nach persönlicher Gewohnheit. Oder Sie kaufen nur noch Tuben mit Klappdeckel. Oder Sie lächeln über die kleinen Schwächen des anderen einfach hinweg und bewahren sich das Glückgefühl des

Zusammenlebens. Finden Sie Ihre Lösung und besiegeln Sie sie mit einem deftigen Kuss. Fertig.

So könnte es gehen. Tut es aber nicht. Stattdessen fühlt sich jeder der beiden persönlich angegriffen, nimmt die offene Zahnpastatube als Affront gegen das eigene Ego. Sofort wetzen sich die Ego-Messer. Das Problem wird als Chance betrachtet, nämlich als Chance, Krieg zu führen. Ein willkommener Anlass, um den ganzen Druck, den die Differenz zwischen Wesen und Ego ausübt, abzulassen. Was ankommt, ist: „Der macht das doch absichtlich, weil ich ihm egal bin!" Das ist nichts anderes als eine Projektion, eine unfaire Zuschreibung. Plötzlich geht es nicht nur um die kleine Macke des anderen, sondern um die ganze Beziehung. Derjenige, der die Kritik einstecken muss, fühlt sich sofort persönlich angegriffen. Da helfen die viel und oft bemühten „Ich-Botschaften" herzlich wenig. Die Bemerkung des Partners, ihm gefalle es nicht, dass die Zahnpastatube offen bleibt, entfacht den Selbsterhaltungstrieb des Ego. So geht das nicht. Das erfordert Abwehr. Also Pulver zurückschießen. Ein Ego kann nicht abstrahieren, nur reagieren. Beide stehen voreinander und werfen sich gegenseitig vor: Du findest mich nicht o.k., wie ich bin. Du liebst mich nicht.

Aus dieser Konfrontation gibt es kein Entrinnen. Es hagelt Rechtfertigungen und neue Vorwürfe. Ein Revierkrieg. Hier wird um jeden Millimeter gekämpft. Friedliche Lösung ausgeschlossen, denn es geht um die Ehre. Dabei riskieren beide sehenden Auges, dass diese Beziehung in die Brüche geht. Die Mücke wird zum Elefanten. Und wenn sie nicht gestorben sind, streiten die Liebenden bis heute.

Mich erinnern solche Szenen an eine Katze, die sich auf einem Baum verstiegen hat. Wenn sie bemerkt, dass sie sich in Gefahr befindet, erschrickt sie – und steigt höher, immer höher in den Ästen, sie flüchtet nach oben, verliert die Orientierung zurück zum Boden. Höher steigen aber im Sinne von Erfolg und Erfüllen können wir nur, wenn wir unsere Leiter bewusst an die richtige Wand lehnen und jeden Schritt nach oben mit dem Bedenken einer Konsequenz setzen. Lehnt die Leiter an der falschen Wand, werden wir trotz Anstrengen, trotz Anerkennung der anderen eben doch nur an der falschen Stelle klettern. Das passiert in kleinen Alltagssituationen ebenso wie auf politischer Bühne. Dann driftet der Fokus fort von der Sachlichkeit hin zu völlig sinnlosen Nebenschauplätzen, die wenig mit einem zielführenden Handeln zu tun haben. Am Ende geht es nur noch um die Befriedigung des eigenen Ego, koste es, was es wolle. Rufen Sie sich einmal die Stuttgarter Bilder aus dem Herbst 2010 in Erinnerung. Die Medien heizten die emotionale Stimmung an, und die Menschen waren am Ende nicht mehr fähig, sich mit Sinn und Verstand die Argumente der Gegenseite anzuhören. Es ging um den Bau eines Bahnhofes. Was auf der einen Seite für die Infrastruktur Baden-Württembergs sinnvoll erschien, war auf der anderen Seite für die Umweltschützer ein Desaster. „Stuttgart 21" wurde zum Synonym für ein Unverständnis zwischen Bürgern und Politikern und Unternehmen. Selbstverständlich gibt es viele Argumente für diesen Bahnhof und viele Argumente dagegen. Aber es ging längst nicht mehr um die Sachfrage. Es ging um die Ego-Frage: Die Protestler machten „ihr Ding". Da wurde tausendfach Hausfriedensbruch, Sachbeschädigung und Sabotage begangen. Da ließen sich Menschen an Bäume binden, blockierten Schienen und Wege, da schossen Polizisten im Auftrag der Politiker mit schwerem Wasserstrahl auf ihre eigenen Bürger. Mit welcher Aggression diese Szenerie sich auflud, war erschreckend. Schauspieler ließen sich zu Bürgersprechern küren, tourten durch die Talkshows, um ihrer Wut eine große Reichweite zu geben. Umweltaktionisten riefen zu gefährlichen Bekenntnissen auf. Wenn Emotionen kochen, verliert jede Sachlichkeit ihr Gewicht. Zum Glück gab es am Ende keine Toten. Für eine aufgeklärte Gesellschaft ist ein solches Gebaren ein Wahnsinn!

Raus aus dem Kampf

Eine Ego-Selbstverwirklichung bedeutet, dass Sie immer unter Druck stehen. Sie führen einen ständigen inneren Kampf. Denn Sie müssen ein Konstrukt aufrechterhalten, das nicht Ihnen, nicht Ihrem Selbst entspricht. Dieser Druck entlädt sich in aggressivem Verhalten. Aber Druck erzeugt nicht nur in physikalischen, sondern auch in sozialen Systemen immer Gegendruck.

Wenn Sie sich mit Ihrem Selbstbild dermaßen identifizieren, dass Sie Ihre komplette Selbstverwirklichung darauf stützen, dann engen Sie nicht nur Ihren Handlungshorizont deutlich ein. Sie sind gezwungen, Ihr Ego zu verteidigen. Zu verteidigen gegen alles, was anders ist. Denn das andere ist für Ihr Ego ein potentieller Störenfried – vom anderen, so denkt Ihr Ego – geht immer eine Bedrohung aus. Es könnte sich ja herausstellen, dass Glaubenssätze über Bord geworfen werden sollten. Es könnte sich herausstellen, dass die gefühlte Größe – bei Licht betrachtet – nur Fake ist. Wenn Sie abhängig sind von Ihrem künstlichen Gebilde aus Eigenschaften und Verhaltensweisen, dann darf dieses Konstrukt unter keinen Umständen in eine Krise geraten. Dann würden Sie vor einem großen, dunklen Nichts stehen. Denken Sie, aber das ist falsch. Es geht auch anders.

Sie könnten feinere Eigenschaften und vielfältigere Verhaltensweisen entwickeln. Sie könnten Ihre Hülle abstreifen, um besser atmen zu können, um sich freier bewegen zu können. Ihr Ego ist nichts anderes als ein Stoff, den Sie um sich herum gewebt haben. Sie können diese äußere Hülle aus Ego-Stoff einfach wieder abstreifen. So wie Scrooge das tat. Sie könnten sich sagen: Wie gut, dass es verschiedene Ansichten und Einsichten gibt, das macht dieses Leben bunt und jede Begegnung überraschend. Sie könnten ein wenig mehr Milde überwerfen, mehr Empathie zulassen und sich den Blick für die Argumente der anderen scharfstellen. Dann benötigen Sie weder eine aggressive Abwehrhaltung noch einen beleidigten Rückzug. Sie stehen aufrecht, hören zu und lassen sich Zeit mit der Bewertung. Sie können Hinweise prüfen, annehmen oder ablehnen. Welch eine innere Freiheit. Und umgekehrt: Sie dürfen Gleiches erwarten. Wie Sie diesen Zustand erlangen? Der erste Schritt beginnt wie so oft bei Ihnen selbst. Fragen Sie sich einmal, gegen welche Phantome sie kämpfen. Gestern und heute. Sie sind höchstwahrscheinlich auch Ihre Gegner von morgen.

Wenn Sie innehalten, wenn Sie sich fragen, welches Verhalten Sie immer wieder in eine Spirale der Wut und der Hilflosigkeit treibt, dann werden Sie Ihre Phantome aufdecken. So weit, so gut. Aber nun beginnt Ihre Arbeit: Lassen Sie die alten Glaubenssätze los. Das kann Schmerzen verursachen, weil Ihr Verhalten vielleicht seit Kindertagen Wurzeln geschlagen hat. Es hat sich verankert in Ihrem Denken, und es bestimmt Ihre neurale Chemie. Ein Sterbenlassen dieser unguten Gewohnheiten kann Ihnen Schmerzen verursachen. Einige Zeilen zuvor habe ich den körperlichen Phantomschmerz erwähnt. Hier will ich diesen Faden aufnehmen, weil ich weiß, wie Menschen leiden, wenn Sie sich von ihrer hundertprozentigen Ego-Bindung verabschieden.

In der Medizin gibt es das Phänomen, dass ein amputierter Körperteil schmerzen kann. Er ist physisch nicht mehr vorhanden, und doch pocht, klopft, sticht er heftig. Wenn wir einen Arm oder ein Bein verlieren, ändert dies an unserem Astralkörper, der aus mehreren stofflichen Schichten besteht, zunächst einmal nichts. Erinnern sie sich an die Blaupause, die uns immer wieder aussehen lässt, wie wir sind, auch wenn alle sieben Jahre unsere gesamten Körperzellen ausgetauscht worden sind? Dann dürfen Sie annehmen, dass Ihr Körper fähig ist, sich immer wieder nach der „geistigen Idee" auszurichten. Er ist ein Phantom in sich selbst. Und wenn Ihr Gehirn nicht wahrhaben will, dass eine Gliedmaße auf der physischen Ebene entfernt worden ist, wird es so fühlen, als wäre noch alles da. Bei 70 Prozent der Menschen mit Amputationen tritt das Phänomen auf, dass sie Druck, Schmerz, Wärme und andere Empfindungen spüren, dass sie sich an der „geistigen Idee" festhalten. Solange es nicht gelingt, diese ehemals definierte Idee durch eine fortgeschriebene zu ersetzen bzw. zu verfeinern, werden wir in alten Mustern verharren oder lediglich an der äußerlichen Stofflichkeit kratzen. Wir betäuben die Diskrepanz aus Fiktion und Wahrheit mit kurzfristiger Ablenkung, mit seichten Späßen, mit Ego-Trips. Tiefe, innere Freude, eine Pflege der Seele ist nur möglich, wenn wir das Phantom auflösen. Mit diesem Ansinnen landen Sie höchstwahrscheinlich in Ihrer Kindheit. Sehen Sie sich in Ruhe um, lassen Sie Bilder noch einmal groß werden und gleichen Sie sie mit Ihrer heutigen Sichtweise ab. Dabei kommt Überraschendes zutage. Gehe ich zurück, so sehe ich meinen Vater als Patriarchen und mich als kleinen Rebellen mit langen Haaren.

Du unten, ich oben

Mein Vater verdiente das Geld – also bestimmte er die Regeln. Standen Entscheidungen an, hatte er das letzte Wort. Mein Vater hatte Macht über die Familie – und nutzte sie? Herrschte er gütig über seine Familie? War er um das Wohl und Wehe von uns allen besorgt? Vielleicht. Ich aber fühlte mich unterdrückt, nicht gesehen mit meinen Wünschen und Bildern im Kopf, ich war für ihn nicht o.k., so dachte ich. Denn er kritisierte, mahnte, wollte mich anders, als ich es mir vorstellte. Ich hörte den Satz, den Kinder gar nicht mögen: „Solange du die Füße unter meinen Tisch stellst, habe ich das Sagen." Sie können sich sicher vorstellen, dass wir beide keine innige Beziehung zueinander hatten. Warum erzähle ich Ihnen das? Weil diese

Beziehung zwischen Vater und Sohn überhaupt nichts Besonderes war. Vielleicht ist Ihnen Ähnliches passiert – ob nun in Ihrer eigenen Familie oder in Ihrem späteren Umfeld. Vielleicht haben Sie sich in Ihrer Ausbildung über den arroganten Meister geärgert. Oder Sie haben gelitten, wenn Ihr Professor Ihre Leistung ignorierte oder Ihnen klarmachte, dass Sie von einer Karriere weit entfernt waren. Oder Sie fühlten sich schlecht, als Ihr Chef Sie anraunzte, oder Sie die Fachtermini des Arztes nicht verstanden. Es gibt Hunderte solcher Beispiele, in denen Menschen ihre Mitmenschen in irgendeiner Art abwerten. Mal waren Sie involviert, mal waren Sie Zuschauer, die Rollen ändern sich in diesen unglückseligen Szenen.

Dann will der Meister im Handwerksbetrieb um jeden Preis verhindern, dass sein Geselle ihm nah kommt und seine Position gefährdet. In diesem Dilemma steckt letztlich jeder Unternehmenslenker, der unter dem Diktat seines Ego handelt. Er ist dazu verdammt, alles zu wissen und alles zu können. Er darf nicht riskieren, auch nur die allerkleinste Unsicherheit zu zeigen. Teamarbeit? Geht nicht. Die Kreativität der Mitarbeiter nutzen? Unmöglich.

Auch der „Halbgott in Weiß" muss unfehlbar sein. Er muss in Allwissenheit erstrahlen. Jeder Dialog birgt letztlich die Gefahr, eine undichte Stelle im System zu offenbaren. Und so geht der Doktor der Medizin bewusst jeder Auseinandersetzung aus dem Weg. Alternative Heilmethoden dürfen keinerlei Existenzberechtigung haben. Alles Scharlatanerie! Jede Heilung mit alternativen Methoden kann nur auf dem Placebo-Effekt beruhen, denn für ihn wirkt nichts außer der Schulmedizin. Statt sich zu freuen, dass der Patient geheilt ist, verteufelt er den Weg dorthin. Aber Achtung: Hier kämpft ein Ego seinen bitteren Existenzkampf. Denn wäre was dran an den „zwielichtigen" Methoden, die sich in den Sümpfen jenseits der Universitäten verbreiten, dann wäre für den Arzt alles in Frage gestellt, worauf er sein Leben aufgebaut hat.

Seine akademische Ausdrucksweise kommt ihm als Mittel gerade recht. So kann er sich wunderbar abgrenzen und lästigen Nachfragen zuvorkommen. Denn wer outet sich schon gerne als Nichtwissender? Lieber nickt der Patient und macht, was der Arzt sagt. Fremdwörter täuschen Allwissen vor. Um das Wohl des Patienten geht es dabei nicht, sondern ums ärztliche Ego.

Was zeigen diese Beispiele? Das bewusste Kleinhalten des Gegenübers hat System. Jede Ego-Selbstverwirklichung kann nur gewinnen, indem sie den jeweils anderen bewusst auf Distanz hält. Will ich mich selbst aufwerten, muss ich den anderen abwerten. Nur zerbricht eine Beziehung an diesem Tanz der Ego-Eitelkeiten.

Mein Vater hielt mich klein. Das war seine Auffassung von Erziehung in den 1950er Jahren. Heute kann ich mir durchaus vorstellen, warum er das tat. Er hielt damit sein Ego am Leben. Er musste derjenige sein, der recht hatte. Er musste derjenige sein, der unfehlbar war. Er durfte keine Schwächen zeigen. Sonst wäre seine ganze Konstruktion seines Selbstbildes in sich zusammengefallen. Denn für ihn hätte sich das Eingeständnis einer Schwäche seinem Sohn gegenüber so angefühlt, als ob sein ganzes Leben sich klirrend in einen Scherbenhaufen verwandelt hätte. Das durfte er nicht zulassen. Und so untermauerte er das Bild, das er von sich gemacht hatte, an jedem einzelnen Tag. Das Bild vom starken Familienoberhaupt. Und dazu gehörte auch, mir klarzumachen, dass ich deutlich unter ihm stand. Und irgendwann entschied ich mich für die Gegenhaltung, indem ich trotzig sagte: „Ich will lange Haare." Den Impuls setzten wie für nahezu alle Jugendlichen meiner Zeit: die Beatles.

„She loves me, yeah, yeah, yeah ..." Mit mindestens 600 Millionen verkauften Platten gehören die Beatles zu den erfolgreichsten Bands der Musikgeschichte. Auf dem Höhepunkt ihrer Karriere zwischen 1964 und 1968 führten sie in fast allen Ländern die Hitparaden an. Ihre Musik war neu und ihre Haare lang. Sie hatten Spaß auf der Bühne und im Leben, sie strahlten die Leichtigkeit aus, nach der die Jugendlichen sich sehnten. Sie waren Vorbilder für viele meiner Generation. Und sie waren rebellisch. Als „Pilzköpfe" wurden sie berühmt und fanden zahlreiche Nachahmer unter den jugendlichen Fans. Sehr zum Leidwesen ihrer Eltern. „Haare ab", befahlen die und wollten sich damit ihrer Autorität versichern. Und so spielten sich wahre Dramen in den Familien ab.

Warum eigentlich? Warum war es für die Eltern so verdammt schwer, etwas Banales wie längere Haare zu akzeptieren? Warum entzündete sich an dieser „Pilzkopf-Frisur" ein handfester Generationenkonflikt? Ich hätte gerne lange Haare getragen, so wie die anderen, aber meine Haare blieben kurz und damit meine Segelohren sichtbar. Wollte mein Vater, dass ich leide? Nein, er fühlte sich nur bedroht, weil etwas Neues anrollte, weil jemand seine Regeln in Frage stellte. Die Beatles waren eine Bedrohung. Eine Aprikose tauchte auf, und die schockte die Birnenwelt. Auf einmal kreischten Mädchen wie wahnsinnig vor der Bühne und fielen gar in Ohnmacht ob ihrer Hysterie. Auf einmal wollten Jungen anders sein als ihre Väter und suchten eine Verwirklichung jenseits der elterlichen Wege. Natürlich ist so etwas beängstigend. „Die Haare bleiben, wie sie sind. Kurz. Basta." Mein Vater wehrte sich. Ich protestierte, bettelte und jammerte – und knallte die Türe zu meinem Zimmer zu. „Yeah, yeah, yeah", dröhnte es durchs Haus. Hier kämpften nicht zwei Menschen oder zwei Generationen um wenige Zentimeter Haareslänge. Es ging nicht darum, eine Sache zu entscheiden, einen Konflikt auszutragen, um gemeinsam zu einer Lösung zu kommen. Nein, zwei Armeen von Egos rangen um die Vormachtstellung im Ring. Die Kinder wollten ihre eigenen Werte und die Eltern keine Rebellion. Die passte nicht in das Birnenleben.

Und so lebten alle in ihrer Illusion. Die Mädels dachten, dass Kreischen ihr Leben verbessern werde, die Stars ließen ihre Egos bejubeln, die Birnenerwachsenen glaubten, die Welt gehe unter.

Und wenn wir heute zurückschauen? Sehen wir die Beatles und ihre Nachahmer in ihren Anfängen mit Anzug, Krawatte und einem Haarschnitt, mit dem sie heute wie brave angepasste Jungs aussehen.

Und dennoch glaube ich, dass dieser Generationenkampf von damals etwas änderte. Weil der Blick aller Betroffenen weiter und weicher geworden ist, weil Verzeihen irgendwann möglich wird. Heute habe ich eine wunderbare Beziehung zu meinem Vater, als Kind hätte ich mir das niemals träumen lassen. Auch das Verständnis für die sogenannten Halbgötter in Weiß wächst mit den Jahren. Wir erkennen ihre Verantwortung, ihren Stress, ihre Angst vor Fehlern. Es gibt Ärzte, denen liegt die Gesundheit mehr als die Krankheit am Herzen. Das ist ein wahrer Gewinn für die Gesellschaft. Die Rebellion der Kinder ging nicht spurlos an den Eltern vorbei. Sie wurden weicher, beweglicher, und vielleicht tippten sie sogar heimlich mit dem Fuß im Takt des Beats. Manchmal brauchen Ego-Entwicklungen eben länger, bis sie die Vielfalt im Leben erkennen.

Eine authentische Beziehung bedeutet ein natürliches Geben und Nehmen. Es verlangt nach einem Verständnis für den anderen. Für seinen Geschmack, seinen Stil, seinen Blick aufs Leben. Es hofft auf Nachsicht, auf Fairness. Wie in einem Tennismatch fliegt der Ball über das Feld, und das Spiel gelingt nur, wenn jeder mal punktet. Mal haben Sie den Aufschlag. Mal der andere. Mal haben Sie etwas, das Sie teilen mögen. Mal trifft Sie der Scheinwerferkegel ihres Gegenübers. Normalerweise. Wie fühlt sich das an? Wie eine wahre Begegnung, wie ein Teamplayer, ein Freund, ein Partner im Alltag? Wie einer, der selbst entscheidet, ob er die Haare lang trägt, welches

Auto er fährt, wann er einer fremden Leistung applaudiert? Wie einer, der seinen Alltag im Griff hat? Wie einer, für den die vertrocknete Zahnpasta am Morgen nicht der Rede wert ist? Mit dieser Haltung, das verspreche ich Ihnen, heilt jeder Phantomschmerz. Denn Sie landen in der Wirklichkeit.

Mittelpunkte der Welt

„Ich sehe was, was du nicht siehst", rufen Kinder den Eltern zu und freuen sich an diesem Lieblingsspiel Nummer eins. Wird der andere erraten, was man meint? Wenn er zögert, dann folgen Hinweise, so lange, bis es Klick macht im Kopf. Je länger das dauert, desto ausgelassener wird die Stimmung. Die Kleinen finden es lustig, wenn die Großen übersehen, was doch offensichtlich vor ihrer Nase liegt. Was für Kinder ein Spiel ist, ist für Wissenschaftler ein Grund zu forschen.

Seit vielen Jahrzehnten beschäftigen sich Neurologen mit dem Phänomen, dass Erwachsene die Fähigkeit verlieren, das Nahliegende zu sehen. Ab dem dritten Lebensjahrzehnt lassen sie sich stattdessen täuschen oder flüchten in Illusionen. Sie denken zu weit, zu kompliziert, sie interpretieren zu viel. Sie suchen das ultimative Ziel – und übersehen den Weg. Erwachsene werden mit den Jahren zu einem gedanklichen Schwergewicht, und dadurch verschiebt sich ihr Mittelpunkt. Fortan tendieren sie dazu, ihre Entscheidungen nicht im Bauch, sondern im Kopf zu treffen, und mit dieser Verlagerung befindet sich ihr Mittelpunkt im Kortex, dort, wo die Logik wohnt. Sie wiegen dann mit dem Kopf von einer Seite zur anderen, überlegen sich, dass niemals sein kann, was nicht sein darf, und damit verlieren sie die Transparenz im Blick. Bei Kindern ist das anders. „Typisch Mama, typisch Papa", denkt das Kind und lacht, während es seine Umwelt ohne Wertung scannt. Nonchalant vermischt es die Wirklichkeit mit seinem Gefühl, nimmt die Welt, wie sie ist, denn mangels Erfahrung ist sie im kindlichen Ansinnen leicht und gut. Noch. Aber bald schon wird auch ihr Mittelpunkt sich verschieben. Dann wird alles schwarz oder weiß, selten bleibt es etwas bunt. Dann liegt auch für sie der Schlüssel vor den Augen, aber sie entdecken ihn nicht und rennen suchend durchs Haus. Das Spiel aus Kindertagen ist nicht mehr lustig. Denn eines steht fest: Wir sehen mit dem Gehirn, und nicht mit den Augen. Auf dieses Thema komme ich in Kapitel 12 zurück.

Wir schätzen Geschwindigkeiten, Größen, Kontraste anders ein, als sie in Wirklichkeit sind. Diese subjektiven Wahrnehmungen faszinieren Menschen rund um den Erdball. So soll James Cook von den Einwohnern der Südseeinseln erst entdeckt worden sein, als er sich ihnen mit kleinen Beibooten näherte. Denn sein Segelschiff, dieses Ungetüm vor Land, sahen sie nicht – weil sie solch große Boote nicht kannten. Sie hatten keinen Namen, keine Vorstellung, kein Bild im Kopf. Auch Sie übersehen Dinge, die Sie nicht für möglich halten, schätzen Entwicklungen falsch ein, wenn sie jenseits Ihres Erfahrungsschatzes liegen.

Der Grund lässt sich leicht finden: Die Augen sind für unser Nervenzentrum viel zu langsam. Bis sie die Lichtreflexe, die auf die Netzhaut treffen, aufgenommen und verarbeitet haben, hat das Gehirn längst Impulse zur Reaktion an den Körper gesendet und den chemischen Stoff gemischt. Es blickt also voraus, checkt die Situation mit seinem Erfahrungsschatz ab, vermutet die Zukunft. Eine enorme Leistung. Allerdings folgt nun der Wermutstropfen: Es kann sein, dass in diesen Verfahren der Sinn für Überraschendes verlorengeht. Das mag der Grund sein, warum Kinder das Spiel „Ich sehe was, was du nicht siehst" oftmals gewinnen. Sie sind noch frei von belastenden Erlebnissen, sie spielen mit den Lösungen und sind bereit für außergewöhnliche Momente. Erwachsene hingegen latschen längst auf ihren Trampelpfaden und trauen sich ein Vortasten ins Gedankendickicht nicht mehr zu. Mehr noch: Sie sind nicht mehr bereit, ihre Entwürfe in Frage zu stellen. Ihr Ego würde verunsichert. Wie schön wäre es, gelänge es uns, wieder frei von Mustern zu denken, wieder Raum für Neues entstehen zu lassen. Mit dem Mut zur Lücke könnte der Blick wieder weicher, weiter, kreativer werden. Das habe ich in zahlreichen Unternehmer-Coachings erkannt. Manager agieren mit Vorliebe nach verlässlichen Methoden. Sie denken innerhalb ihrer Gewohnheitsgrenzen. Nur kein Risiko. Das Projekt muss gelingen – und dabei verlieren sie den Sinn für die Ideen der Mitarbeiter. Sie entwerfen Strategien nach dem Einmaleins der Lehre und vergessen dabei, dass sich eine Unternehmenskultur durch die Persönlichkeit und durch das Know-how aller im Unternehmen arbeitenden Personen prägt. Zwar hat es sich mittlerweile herumgesprochen, dass jede Änderung nur im Team geschehen kann, aber am Ende erkenne ich doch: Der Chef hat das Wort. Und leider ist das oft ohne Phantasie gesprochen. Da ist der Frust programmiert. Das Klima kühlt ab und das Engagement des Einzelnen sowieso. Umgekehrt verfällt der Chef in eine Art Monotonie, denn die Ja-Sager um ihn herum langweilen ihn. Sie bringen ihn und sein Unternehmen nicht nach vorn. Mir fällt hier ein Wort von Aristoteles ein: „Wir sind, was wir wiederholt tun, Vorzüglichkeit ist daher keine Handlung, sondern eine Gewohnheit." Es wäre gut, einmal die eigenen Gewohnheiten mit Abstand zu betrachten. Es wäre gut, einmal festzustellen: Jede Entscheidung hat viele Facetten. Denn es gibt nicht nur Schwarz oder Weiß. Das habe ich in meinem Leben gelernt.

Geboren wurde ich auf der anderen Seite. Mehr Armut. Mehr Underdog.

Andere Seite? Ja. Auf unserem Planeten existiert das Gesetz der Polarität. Das müssen wir annehmen. Dies bedeutet, dass das eine ohne das andere nicht sein kann. Kein Oben ohne ein Unten. Kein Heiß ohne ein Kalt. Keine Armut ohne Hochmut auf der immateriellen und keine Armut ohne Reichtum auf der materiellen Ebene. Und kein Problem ohne Lösung. Strecken Sie das Kinn einmal zur Decke. Hoch, noch höher. Und nun? Können Sie den Gegenpol, den Boden erkennen? Nein. Sie wissen zwar, es gibt ihn, aber sehen können Sie ihn nicht.

Welche Seite Sie auch immer wählen, welches Wort Sie auch immer wirken lassen, Sie können sich nicht auf beide gleichzeitig fixieren. Ebenso wenig können Sie die beiden Seiten aus Problem und Lösung oder Armut und Hochmut zur gleichen Zeit leben. Die Mehrzahl der Menschen ignoriert die jeweils andere Seite. Sie geben sich sogar den Illusionen hin, es gebe nur die eine Seite für sie: Wenn sie armütig sind, dann machen sie sich zu klein, stellen ihr Licht unter den Scheffel, sehen keinen Ausweg mehr aus ihrem persönlichen Dilemma. Sie tendieren zur Anpassung und werden auf diese Weise ein Opfer ihrer Umstände. Sind sogar bereit, für einen Hungerlohn zu arbeiten. Wenden wir noch einmal das Lebensblatt: Auf der anderen Seite glauben sie, alles im Griff zu haben. Unfehlbar zu sein. Besser als der Rest der Welt. Bekannte Extreme dieser Spezies sind verwöhnte Einzelkinder, die glauben, qua Geburt stehe ihnen Erfolg und Bewunderung zu. Oder die ver-rückten Investmentbanker, die denken, sie hätten das Recht, die Welt zu verzocken. Oder der Rockstar, der sich mit einem einzigen Lied in die Herzen des Publikums gesungen hat und nun denkt, dort einen Platz für die Ewigkeit beanspruchen zu können. Hochmütige Menschen überschätzen ihre Bedeutung, ihre Fähigkeit, auch ihre Chancen. Sie glauben, den Stein der Weisen gefunden zu haben, und werden beratungsresistent. Sie drehen sich um sich selbst immer höher und höher – und dann kommt der Fall.

Meistens beginnt das Drehen ganz harmlos – ich weiß, wovon ich rede, denn auch ich wurde hochmütig. Ich erinnere mich gut, als mein Jura-Professor mich zur Seite zog und mir Folgendes prophezeite: „Wolfgang, Sie sind reif, Ihre Doktorarbeit zu schreiben. Ich sehe Sie sogar als Professor, wenn Sie weiterhin so zügig und konzentriert arbeiten. Überlegen Sie sich das mal in aller Ruhe." Das war Balsam für meine Seele. Ich fühlte mich gebauchpinselt – und sagte ja. Ich schrieb an meiner Doktorarbeit zum familienrechtlichen Thema der Hausratsverordnung – bis ich merkte: Ich tat es für ihn, für den Professor, nicht für mich. So trat ich irgendwann den Gang nach Canossa an: „Lieber Professor, Danke für Ihr Angebot, aber für das, was ich im Leben will, brauche ich den Doktortitel nicht." Mit einem Augenzwinkern fügte ich hinzu: „Und bezahlen können Sie mich sowieso nicht." Denn als Student hatte ich bereits mehr verdient als ein Referendar, und als Referendar verdiente ich bereits so viel wie ein Professor. Obwohl ich hier auf mein Innerstes hörte, war es dennoch eine gefährliche Phase.

Denn zu meiner Selbsteinschätzung gesellte sich ein positives Feedback von außen. Ich absolvierte meine Abschlüsse besser, als mein persönliches Umfeld das erwartete. Nun könnten Sie fragen, ob das nicht ein gerechtfertigter Stolz auf das ist, was ich selbst geschafft habe. Dann würde ich Ihnen antworten: „Ein gerechtfertigter Stolz hat mit Hochmut nichts zu tun, sondern ist eine demütige Position. Sie erkennen an, was ist. Sie wissen, dass Sie für diesen Erfolg kein Abo haben. Sie dürfen sich freuen. Sie dürfen sich nur nicht der Illusion hingeben, dass dieser Erfolg immer und immer wieder für Sie geschehen wird." Und vor allem sind Sie kein besserer Mensch, nur weil Sie wirtschaftlich erfolgreich sind.

Der legendäre Fußballtrainer Sepp Herberger hat den Spruch „Nach dem Spiel ist vor dem Spiel" geprägt. Joachim Löw arbeitet ebenfalls nach dieser Prämisse. Seine Spieler lernen: Wir dürfen ein gutes Selbstwertgefühl haben. Wir wissen, was wir können, aber Überheblichkeit ist äußerst schädlich.

Wenn wir überheblich sind, schlägt uns auch ein schwächerer Gegner. Das nächste Spiel ist wieder das schwerste. Wir gehen wieder völlig neu hinein.

Lieber planlos

Überheblichkeit ist nicht nur schädlich für den inneren Frieden, es kann sogar lebensgefährlich sein. Junge Helden, die sich in gefährliche Sportarten stürzen, sterben häufig früh. Warum? Weil sie schon so viele extreme Situationen überstanden haben, dass sie sich einbilden, sie könnten alles überleben. Die Crux besteht darin, dass die Akteure diese überhebliche Haltung brauchen, sie müssen absolut von sich überzeugt sein, um überhaupt einsteigen zu können. Sie rufen dadurch auf den Punkt genau ihre Leistung ab. Sie glauben an ihren Sieg mit jeder Pore des Körpers. Ich denke an den Slogan einer Marke, die mit Extremsport für den Kick sorgt – an Red Bull. Mit waghalsigen Kampagnen will sie dem Proteindrink eine gefährliche Konzentration hinzufügen, nämlich das Durchbrechen von Grenzen, die der menschliche Körper aufzeigt, und damit das Ignorieren von Naturgesetzen. Das ist Lebensgefahr pur. Das ist mitunter der Tod. So wie für den deutschen Sportler Guido Gehrmann, der mit seinem Kleinflugzeug nach der Show verunglückte. „Red Bull verleiht Flügel", manchmal brechen sie.

Erinnern Sie sich an das Blatt Papier? Schreiben Sie in großen Buchstaben einmal „Sieg" auf eine Seite und lassen Sie die Bilder dazu im Kopf groß werden. Was blinkt auf in Ihren Gedankenkanälen? Ich schätze, es sind Bilder des Sportes. Vielleicht sogar der Formel 1, und von dort ist die Assoziation mit Niki Lauda nicht weit. Er war ein Ausnahmesportler seiner Zeit. Keine Frage. Heute schlägt er nachdenkliche Töne an. In einem Zeitungsinterview sagte er[15]:

„Wir haben am Limit gelebt, schneller, intensiver, rausch-
hafter – wir konnten gar nicht anders, weil wir nicht wussten, wann unser Leben vorbei sein würde. Aber wir wollten
nichts verpassen. Wir waren getrieben von dem Wahnsinn,
den wir selbst gemacht haben. Beinahe in jedem Jahr ist
einer von uns gestorben. Wir sind ins Rennen gegangen
und wussten nicht, ob wir später noch alleine aus dem
Auto kommen würden."

So erinnert sich der Sportler an seinen Rausch, der ihn fast das
Leben kostete. Weil er sich über das Limit wagte, das Duell
suchte, weil der dreimalige Weltmeister dachte, er könne mit
Geschwindigkeit die Grenzen überrasen. Heute bekennt er:
„Wir waren getrieben vom Wahnsinn."

Nur 42 Tage nach seinem schweren Unfall in der Nord-
kurve des Nürburgrings startete Lauda in Monza. Die Wunden noch nicht verheilt, er aber ehrgeizig und süchtig nach
dem Kick, dem Applaus, dem Gefühl, eins zu sein mit seinem
Wagen. 1976 in Monza wurde er Vierter. Er nahm es hin.
Sein Ego war nicht mehr so stark wie zuvor. Er reizte seinen
Hochmut nicht aus, erzwang den Sieg nicht. Weil ihm die Piste
wegen des Regens zu gefährlich war, stieg er später sogar aus
einem Rennen aus und überließ damit seinem Erzrivalen
James Hunt das Feld.

Lauda hatte nicht nur Glück, dass er seinen Unfall über-
lebte, er änderte auch seine Einstellung. Er ist heute immer
noch im Rennsport aktiv, aber er gilt als überlegter Zeitgenosse. Er kann die Perspektive ändern, sieht die Risiken und
die Chancen. Er wägt ab, ist kein Draufgänger mehr, sondern
ein Realist, wenn er sagt: „Es gibt keine absolute Sicherheit.
Wer so naiv ist und daran glaubt, der sollte sich einen anderen
Job suchen." Er stülpt sein einstiges Leistungsdenken keinem
anderen über. Er weiß, am Ende ist jeder Einzelne für sich
selbst verantwortlich.

Selbstüberschätzer setzen sich über Gefahren hinweg. Sie erklären alles, was sie tun, für sakrosankt. Sie planen ihren Sieg, ihren Erfolg, ihre nächste Herausforderung. Aber die Welt ist nicht planbar, dazu ist sie zu komplex. Je mehr sie versuchen, alles in einen Plan zu packen, desto mehr werden sie gegen die Wand fahren. Der Unfall ist quasi programmiert.

Weil das Leben vielen Variablen ausgeliefert ist, sind auch klassische Businesspläne Nonsens. Denn niemand kann in Gänze die Risiken abwägen, den Markt analysieren. Niemand kann genau festlegen, was im ersten, zweiten, dritten Jahr passiert. Ein solches Vorgehen ist weder möglich noch empfehlenswert. Es birgt die Gefahr, dass der junge Unternehmer sich einzig auf die Verwirklichung des Plans konzentriert, und dabei rückt das eigentliche Ziel – nämlich Gewinn, Kundenbeziehung, Purpose, Image, Erfolg – aus seinem Blickfeld. Ich gehe weiter und sage: Mit einem Businessplan in der Hand wird der Banker beruhigt. Zum Glück hat sich diese ungünstige Verstrickung in Wirtschaftskreisen inzwischen herumgesprochen.

Der Wirtschaftswissenschaftler Günter Faltin hat diese Entwicklung bereits vor mehr als 30 Jahren erkannt. Damals begann er, über alternative Wirtschaftsmodelle nachzudenken. Im Ergebnis gründete er seine Projektwerkstatt und initiierte die „Teekampagne", die inzwischen zum weltweit größten Importeur für Darjeeling-Tee geworden ist. 2001 ergänzte er sein Modell gemeinsam mit anderen Kreativen um die „Stiftung Entrepreneurship". In ihrem Kuratorium sitzt auch Muhammad Yunus, der die Entwicklungshilfe mit seiner Idee der Mikrokredite in ein neues Licht gesetzt hat. Für seinen Ansatz der Hilfe zur Selbsthilfe erhielt Yunus 2006 den Friedensnobelpreis. „Die wirtschaftliche und kulturelle Weiterentwicklung der Gesellschaft ist auf unternehmerische Initiativen angewiesen, die nicht ständig nur neue Bedürfnisse herauskitzeln, sondern auf vorhandene Probleme mit ökonomischer, sozialer, aber auch künstlerischer Phantasie antworten", formuliert die Stiftung ihren Standpunkt. Ein Entrepreneur oder Gründer, der sich bei der Stiftung bewirbt, braucht keinen Businessplan vorzulegen. Er muss vielmehr mit einem Businessmodell überzeugen, das auf einer gut durchdachten Idee basiert und flexibel genug ist, auf sich verändernde Bedingungen zu reagieren. Anders formuliert: Der Manager macht die Dinge richtig und der Entrepreneur macht die richtigen Dinge. Er fragt, worum es wirklich geht, er fragt nach dem Purpose. Während der Manager überlegt: „Ist das hier formal richtig gemacht, stimmt das mit dem Businessplan überein?"

In seinem Buch „Kopf schlägt Kapital"[16] spitzt Faltin diese These zu, indem er provoziert: „Können Sie mir sagen, wo sich bei einem Fußballspiel der Ball in der 59. Minute befindet?" Die klare Antwort: Nein! Nicht einmal die Fußballspieler oder der Trainer wissen, wohin der Ball in der 59. Minute rollt. Sie können mit einer Strategie ins Spiel gehen, aber sie müssen immer bereit sein, sie umzustellen. Obwohl der Fußballsport ein geschlossenes System mit klaren Spielregeln ist und sich auf dem Platz nur 22 Spieler, ein Schiedsrichter und ein Ball befinden, ist diese Vorhersage also absolut unmöglich. Wie soll dann ein Businessplan funktionieren? Oder ein Politikplan, ein Wirtschaftsplan? Wie kann eine Unternehmensstrategie eins zu eins umgesetzt werden? Wie können Fünf-Jahres-Managementziele erreicht werden? Wie kann Ihr persönlicher Karriereplan verwirklicht werden? Oder ein Erziehungsplan für Kinder, Ihr Plan für Ihre Ehe? Egal wie detailreich Sie versuchen, alle Unwägbarkeiten vorherzusehen und auszuschalten, es wird Ihnen nicht gelingen. Zu groß sind die Möglichkeiten des Einflusses von außen, zu sehr wird Ihr Erfahrungsschatz während dieser Zeit wachsen und reifen und werden Sie fähig sein, Ihre Perspektive zu wechseln. Das jedenfalls wünsche ich Ihnen.

Der Hochmütige hingegen verharrt. In seinem starren Muster. In seiner selbstverliebten Haltung. Er hat seine Position im Laufe der Zeit so zementiert, dass er bewegungslos geworden ist. Das wird er umso weniger zugeben, je länger er auf seinem Recht besteht, ein Allwissender zu sein. Dass er sich geirrt hat, dass sein Plan wackelt, diese Tatsache schiebt er aus seinem Blickfeld. Weil nicht sein kann, was nicht sein darf. Alles andere würde sein Ego in Frage stellen.

In der Mitte, nicht im Mittelpunkt

Im übertragenen Sinne hält der egoverhaftete Hochmütige sich selbst für den Zellkern und damit für die Schaltzentrale. Damit liegt er quasi doppelt falsch, denn er hat ein verzerrtes Bild von der Verteilung der Funktionen in der Zelle. Für einen Laien der Zellbiologie mag das merkwürdig klingen, deshalb möchte ich Sie mit Bruce Lipton bekannt machen.

Der amerikanische Wissenschaftler begann in den 1960er Jahren mit der Erforschung der menschlichen Zellen, und damit hat er unsere Sicht auf die Arbeitsweise der Zelle revolutioniert. Um herauszufinden, was die Zelle steuert, führte Lipton zahllose Experimente durch, u.a. entfernte er den Zellkern. Er nahm ihr also den Teil, den man bis dahin für das Steuerungs- und Erhaltungszentrum hielt. Die Überraschung: Viele Zellen überlebten bis zu mehrere Monate lang – ohne Kern, ohne Gene. Lipton beobachtete, dass die entkernten Zellen dynamisch auf ihre Umwelt reagierten, Gemeinschaften bildeten und jede Art von Funktionalität zeigten. Später fand er heraus, dass die Zellmembran, also die Haut der Zelle, das eigentliche Gehirn der Zelle ist. Seither wissen wir: Die Membran bildet die Schnittstelle zwischen dem Außen und dem Innen, sie entschlüsselt die Informationen der Außenwelt und passt das Innenleben der Zelle daran an.

Die Zelle weiß also, dass ihre Existenz davon abhängt, wie gut sie sich auf ihre Umgebung einstellt. Sie weiß, dass ihr Kern nicht der Nabel der Welt ist. Auf den Menschen übertragen kann ich den Zellkern mit unserm Gehirn gleichsetzen: Wenn sich das Gehirn verselbständigt, nicht mehr für den ganzen Organismus denkt und arbeitet, dann ist es bereit, andere Körperteile absterben zu lassen. Dann nimmt das Gehirn eine Egostruktur an, die besagt: Nur ich, das Gehirn, bin wichtig. Das geht so lange gut, bis es merkt, dass ohne Körper keine Impulse umgesetzt werden. Erinnert Sie das an so manche Vorstände in Unternehmen? Die agieren völlig losgelöst von ihren Mitarbeitern, kennen nicht mal ihre Namen, sondern verpassen ihnen Nummern. Darauf angesprochen antworten sie: „Wir machen doch nur Zahlenspiele. Wir entwerfen die Zukunft und den Erfolg." Dann antworte ich: „Theoretisch vielleicht. Aber emotional haben Sie Ihre Mitarbeiter verloren. Ihre Impulse laufen ins Leere."

Hochmut führt dazu, dass wir die Realität ausblenden. Unser „Verstand" dient dann dazu, dem Ego zu helfen, die Realwirtschaft zu verlassen, das Realleben zu verlassen. Der Verlust ist groß. Denn was auf diesem Weg stirbt, das ist unsere Intuition. Für uns. Für die anderen in unserem System. Wenn das geschieht, dann haben wir unseren Mittelpunkt verlassen, sind egogetrieben nach oben gewandert und im Kopf gelandet. Dann haben wir vergessen, wie wichtig unser Bauchhirn für die emotionale Intelligenz ist. 100 Millionen Nervenzellen tummeln sich hier munter, nehmen Reize auf, verändern unsere Chemie, senden Signale an unseren Verstand. Hier in unserer Mitte angekommen, fühlen wir uns wohl, werden wir emphatisch. Der Bauch ist der Mittelpunkt unseres Seins, nicht der Kopf. Aber genau den reckt der Hochmütige weit in den Himmel, entfernt sich mehr und mehr von dem wunderbaren Gefühl, mit sich im Einklang zu sein – und bringt sich damit oft an den Rand des Ruins.

Wenn Sie sich – im Gegensatz zu Rechthabern, Moralaposteln und anderen Hochmütigen – nicht für den Mittelpunkt der Welt halten, erwarten Sie auch nicht, dass die Welt sich um Sie dreht und alles exakt nach Ihren Plänen verläuft. Stattdessen versuchen Sie, aus dem, was Sie vorfinden, das Beste zu machen. Damit meine ich nicht, dass Sie sich irgendwie arrangieren und etwas Schlechtes halbwegs erträglich machen sollen. Dann würden Sie wieder aus einer armütigen Haltung heraus handeln. Ich spreche hier von einem aktiven Gestalten, indem Sie Ihrem Purpose folgen, ohne andere zu bedrängen, einzuschränken oder zu bevormunden.

Vom Prinzip her entspricht das dem absichtslosen und zugleich sehr konzentrierten Tun der japanischen Samurai.

In Japan wurden während vieler Jahrhunderte verschiedene Künste entwickelt, darunter Kalligraphie, Ikebana und eben jene Schwertkunst, die sich dem absichtslosen Tun widmen. Eine wichtige Voraussetzung für den Schwertkämpfer besteht darin, seinem Ego einen Platz im Hintergrund zuzuweisen. Er darf im Kampf nicht nachdenken. Seine Logik zählt nicht, sondern einzig das Wahrnehmen mit den Sinnen. Um in einen entspannten und zugleich hoch konzentrierten Zustand zu gelangen, nimmt der Samurai eine Haltung der Offenheit ein. Er hat nichts vor, er hat kein konkretes Ziel vor Augen, keine Vorstellung eines bestimmten Ablaufs. Sein Geist ist vielmehr offen für alle Möglichkeiten und Verknüpfungen. Er schaut nicht auf den Finger, der auf den Mond zeigt. Er sieht auf den Mond. Er hört nicht den Flügelschlag eines Vogels. Er spürt den Lufthauch über sich. Er nimmt nicht den Körper des Gegners wahr, er sammelt Eindrücke. Er erkennt die relative Wirklichkeit, weiß, was hinter ihm geschieht. In dieser Haltung hat er in jedem Moment Zugriff auf sein volles Potential, kann die beste Möglichkeit für einen Angriff erkennen – oder einen Angriff abwehren. Die folgende kleine Geschichte veranschaulicht dieses absichtslose Tun der japanischen Schwertkämpfer:

„Der berühmte Meister der Südschule machte sich auf den Weg, um den berühmten Meister der nördlichen Schwertschule zu schlagen. Als er eintraf, lud ihn der nördliche Meister zu einem Tee ein. Sie saßen beieinander und tranken den Tee gemäß der alten Teezeremonie. Als sie fast gleichzeitig die Tassen absetzten, sagte der Südmeister: ‚Ihr habt mich geschlagen‘, und verneigte sich."[17]

Das Prinzip des absichtslosen Tuns kann ich in vielen Situationen anwenden, auch im Unternehmens- und Arbeitsalltag. Entscheidend ist, dass ich es nur aus einer demütigen Haltung heraus umsetzen kann. Wenn ein Schwertkämpfer die Haltung des Rechthabers einnimmt und glaubt, er sei der bessere Kämpfer, macht er sich zum Mittelpunkt seiner Welt. Dann richtet sich sein Fokus automatisch auf sein Ego – und schon ist die offene Haltung und damit der Kampf verloren, schmilzt das Potential wie Schnee in der Sonne dahin.

Bewusst unbewusst

Mit dem Fokus auf dem Ego wollen hochmütige und rechthaberische Menschen ihre Regeln zementieren. Da ist kein Platz für Kreativität und Spontaneität. Da hat das Unterbewusste keine Chance, hervorzutreten. Dabei ist das Unterbewusste ungeheuer wichtig für ein erfülltes Leben und die Entfaltung des eigenen Potentials.

John Assaraf liefert in seinem Buch „The Answer"[18] eine lesenswerte Gegenüberstellung von Bewusstsein und Unterbewusstsein: Der bewusste Teil unseres Gehirns macht nur etwa 17 Prozent der Gehirnmasse aus, der stattliche Rest von 83 Prozent entfällt aufs Unbewusste. Der bewusste Teil des Gehirns verarbeitet in jeder Sekunde ungefähr 2000 Bits. Die Masseverhältnisse würden es nahelegen, dass der unbewusste Teil etwa viermal so viel verarbeitet, aber weit gefehlt:

Er verarbeitet 400 Milliarden Bits je Sekunde. Und auch bei der Schnelligkeit der Informationen kann der bewusste Teil unseres Hirns nicht mithalten: Im bewussten Teil liegt die durchschnittliche Geschwindigkeit der Impulse bei 210 km/h, im unbewussten Teil dagegen bei rund 160.000 km/h – das ist fast 800-mal so schnell!

Diese Relationen beeindrucken mich immer wieder. Angesichts der Zahlenverhältnisse ist es dann auch nicht mehr ganz so überraschend, dass nur zwei bis vier Prozent des menschlichen Verhaltens und der Wahrnehmung bewusst geschehen, wogegen das Unterbewusste 96 bis 98 Prozent kontrolliert. Während Sie bewusst Ihre Handlungen steuern, nimmt Ihr Unterbewusstes unendlich viel wahr: Helligkeit, Temperatur, Schmerz, Stimmungen, Gerüche und was sonst noch alles auf Sie einströmt. Wenn Sie all das bewusst wahrnähmen, wären Sie völlig überfordert, Sie könnten keinen klaren Gedanken mehr fassen. Ihr System würde zusammenkrachen. Mit Ihrem Unterbewusstsein jedoch stellt Ihnen also eine riesige Datenbank ein höchst aktives Dienstleistungszentrum bereit. Sie dürfen jederzeit zugreifen.

Ich wähle den deutschen Fußball-Nationaltorhüter Manuel Neuer für ein Gedankenexperiment und stelle ihn an seinen Arbeitsplatz, ins Tor. Das Spiel läuft, die gegnerische Mannschaft kontert. Schuss. Langer Pass des Gegners auf Neuers Tor. Der verlässt sein Tor und läuft weit nach vorn, um den Ball abzufangen. Wie kann er diese Situation einschätzen? Wie kann er derart reagieren, sodass seine Aktion passt?

Nicht durch einen Plan. Durch Intuition. Würde Neuer seine Reaktion bewusst steuern, müsste er eine Rechenmaschine zur Hand haben, um die Flugbahn zu bestimmen. Dabei müsste er Geschwindigkeit, Drehung, Wind und Widerstand berücksichtigen. Das wäre der erste Teil der Rechnung. Danach würde er kalkulieren, mit welcher Geschwindigkeit er zu welcher Stelle auf dem Platz laufen müsste, um dort zu stehen, wo der Ball voraussichtlich landet. In der dritten Berechnung müsste er einbeziehen, wie viele Spieler in der Nähe stehen und welche Chance er hat, sich gegen sie durchzusetzen und den Ball zu erwischen.

Wenn Manuel Neuer bei jedem Torschuss das alles mit seinem Bewusstsein erfassen wollte, hätte er nicht die geringste Chance, das Tor des Gegners zu verhindern. Aber Neuer ist Profi. Er hat in unzähligen Trainings seine Erfahrungen gesammelt und in sein Unterbewusstsein sickern lassen. Er hat eine gigantische innere Datenbank, auf die er sich verlassen kann, die er zu nutzen weiß. Im Vertrauen auf diese Datenbank kann er blitzschnell und richtig handeln – ohne zu denken. Er rennt los und holt den Ball, souverän wie gewohnt. Durch seine wachen Sinne kann er Risiken einschätzen und seinem Reaktionsvermögen trauen und sogar antizipieren, wohin der Ball fliegt.

Sie müssen kein Profi sein, um komplexe Aufgaben quasi nebenher zu erledigen. Lediglich zwei Dinge scheinen mir wichtig, um auch außergewöhnliche Situationen zu meistern: das überhebliche Ego zurückzustutzen und stattdessen auf die Wahrnehmung des Unterbewusstseins zu setzen. Damit schöpfen Sie aus Ihrem inneren Erfahrungsschatz, den in den morphogenetischen Feldern gespeicherten Informationen sowie den kreativen Eingebungen und dürfen die Polaritäten „Hochmut" und „Armut" endgültig verlassen. Denn diese ignoranten Positionen spielen für Sie keine Rolle mehr. Sie haben längst die Perspektive gewechselt und die Blende auf das Leben weit geöffnet. Sie spüren Ihr Potential, das Ihnen den Weg zeigt, jenseits von Plänen und festgezurrten Zielen. Sie haben Leichtigkeit in Ihr Denken gebracht. Sie tauchen ein in Ihr Meer der Möglichkeiten, in Ihr Unterbewusstsein, weil Sie wissen: Sie sind in Ihrer Mitte angekommen, und genau dort ist Ihr Potential am tiefsten.

Das Selbstverwirklichungs-drama

Ein Wunder beginnt, das Wunder vom Leben. Der erste Atemzug, der erste Schrei eines Kindes geht durch jede Zelle im Körper der Mutter. Den Moment festhalten. Alle Wünsche in einen Satz packen. Das Kind beschützen – und dankbar sein. Nichts streift die Sinne derart zärtlich wie die Geburt. Liebe pur. Für Mütter, wo immer sie auf dieser Welt sein mögen, steht die Zeit still – Glück tickt jenseits der Sekunden. Wenn wir weltweit eine Umfrage starteten, würden wir vom Nordpol bis nach Feuerland rund um den Erdball diese Mütter fragen, was sie ihrem Schatz als Willkommensgruß ins Ohr flüsterten, so würden sie antworten: „Ich habe meinem Kind Gesundheit, Frieden und eine gute Zukunft gewünscht."

Diese Willkommensgrüße sind universell. Und doch schmelzen sie bald schon wie Schnee in der Sonne. Woran liegt es, dass dieser Zauber des Anfangs über die ersten Jahre kaum hinwegreicht? Wie kann es passieren, dass Konflikte, Wut, Leid und gar Kriege dem Leben oftmals eine verheerende Wende geben können? Wie sehr treffen die Bilder der weinenden Mütter von Gaza mein Herz und ebenso die Bilder der Mütter von Israel, wenn sie die Hände zum Himmel erheben und das Schicksal ihrer Söhne doch nicht aufhalten können. In der Mitte verläuft der Zaun, der Zaun zwischen Gaza und Israel. Auf beiden Seiten wünschen sich die Mütter das Glück für ihre Kinder, und doch weinen sie, weil Krieg und Leid herrscht. Sie folgen den Politikern, die zu diesen Kriegen aufrufen. Dabei könnten sie sich die Hände über den Zaun hinweg reichen mit einer tiefen Geste der Verständigung. Ihr Ego hält sie ab, bleibt verhaftet im kollektiven Hass. Wie wäre es, wenn diese Mütter ihre Kinder, die geboren werden, zum Frieden erzögen? Stattdessen gehen sie ins Leid, lassen zu, wie die Söhne aufeinander einhauen – dabei wollen sie doch nur eines: Liebe.

Jedes biographische Leiden wird das kollektive Leid erhöhen, und am Ende eines Tages wird dieser Sumpf größer sein, als er gestern war, und morgen wiederum wird er tiefer als heute. Eckhart Tolle hat die Theorie des Schmerzkörpers entwickelt. Er schreibt: „Solange du den Schmerz benutzt, um dir aus ihm eine Identität zu schaffen, kannst du dich nicht von ihm befreien." (2000 S. 177)[19] Ich glaube, dass diese Schmerzkörper der Futtertrog des Ego sind, dass Menschen immer wieder dort verweilen, um das eigene Unglück zu spüren. Vorsicht, das kann zur Gewohnheit werden! Wenn wir dies wissen, haben wir sogar eine Verantwortung für die Gesellschaft, unser Leben glücklich und zufrieden zu gestalten. Denn wir tragen zu einem guten kollektiven Bewusstsein bei, wenn wir uns fragen, was wir jenseits des Ego tun können, um uns in Freude selbst zu verwirklichen.

Deshalb wäre es gut, wenn wir dem Willkommensgruß eines kleinen Kindes noch eines hinzufügten: „Ich wünsche dir die Kraft, deinen eigenen Lebensweg zu finden. Solltest du stolpern, dann stehe einfach wieder auf. Ich glaube an dich." Dann könnte der Gruß ein Satz zum Festhalten werden, zu einem Schutzwall gegen Leid.

Topdogs und Underdogs

Sie haben immer wieder die Wahl, in welche Richtung Sie gehen wollen. Es gibt keinen Automatismus, ob Sie in der Armut oder im Hochmut landen. Sowohl der Armütige wie auch der Hochmütige leben in der Illusion.

Verharren Sie in der Armut, dann werden Sie sich vielleicht als Almosenempfänger auf Hartz-IV-Niveau einpendeln, um diesen Zustand zu zementieren. Irgendwann wird Ihnen dann die Phantasie fehlen, etwas anderes mit rund 25 Arbeitstagen des Monats anzufangen, als Formulare auszufüllen und diese am Schalter des Jobcenters abzugeben. Irgendwann wird Ihre Haltung gebückt, geht die Energie für den Aufbruch verloren und wird Ihr Sofa im Wohnzimmer zum Mittelpunkt im Alltag. Oder Sie schuften sich kaputt mit Drei-Euro-Jobs und riskieren ihre Gesundheit und verbessern dennoch nicht Ihren Lebensstandard. Selbstverwirklichung, was ist das? Sie können dem Wort keine Bedeutung mehr geben, und damit haben Sie sich selbst verloren. Die Illusion ist, chancenlos zu sein.

Die Illusion der Hochmütigen sieht anders aus: Sie sind erfolgreich, materiell mit Luxus gesegnet, Ihr Umfeld applaudiert, und sie treten im Hamsterrad, um diesen Applaus zu genießen. Ihr Ego ist süchtig und will mehr und treibt sie an, so lange, bis die innere Stimme nicht mehr zur Vorsicht mahnt, sondern schweigt. Der Hochmütige hält sich für unfehlbar und besser in seinen Belangen. Hochmut existiert in politischen, wirtschaftlichen, selbst in spirituellen Bereichen. Die Presse staunte nicht schlecht, als das Bistum Limburg nach dem Finanzskandal um den designaffinen Bischof Tebartz-van Elst zur Besichtigung der Privatgemächer einlud. Die Sechs-Millionen-Single-Wohnung auf dem Limburger Domberg, so die Meinung, sei eine Perle der Handwerks- und Kunstfertigkeit. Und doch sollte sie dem einstigen Besitzer die Röte des Hochmuts ins Gesicht treiben. Er predigte Wasser und trank selbst den feinsten Wein. Er sammelte für Arme mit mildem Lächeln und wollte selbst im Luxus schwelgen. Zumindest hielt dieser Mann uns vor Augen, dass Hochmut oft ein Trugbild zeichnet.

Hochmut hat viele Gesichter. In allen Bereichen. Er kann zum Beispiel einhergehen mit Gier oder mit Rastlosigkeit. – Vielleicht überanstrengen Sie sich und riskieren einen Herzinfarkt, vielleicht werden Sie traurig mit den Jahren, weil auch Sie das Glück nicht mehr greifen können, denn alles, was Sie tun, ist nicht Ihr Ding, es ist fremdbestimmt, es folgt Ihrem Ego und nicht Ihrer Essenz.

Beide, der Hochmütige und der Armütige, sind nicht in ihrer Mitte. Das verhindert das Ego. Es verteidigt sich immer, treibt uns zur Not in die Extreme. Ein Ego liebt die Extreme. Sie müssen wählen: Ego-Trip oder wahre Selbstverwirklichung? Um sich selbst zu verwirklichen, ist es wichtig, die Polaritäten im Blick zu halten und sich dazwischen völlig egounabhängig einzurichten. Welch ein Glück, wenn Eltern diesen Sinn nach Kräften fördern, wenn sie die innere Erfüllung des Kindes nähren und es unterstützen, seinen Platz im Leben zu finden. Dann ersparen sie ihrem Kind in den meisten Fällen ein inneres Drama, das bis ins Erwachsenenalter wirkt. Eltern, die ihr Kind fördern, „bonsaien" es nicht. Sie lassen die Talente sprießen und freuen sich am Wachstum.

Wie das funktioniert? Nur ein einziges kleines Wort trennt sie von diesem Schritt. Es hat uns als Kinder schon in der Schule aufstöhnen lassen, als der Lehrer es über die Lippen brachte. Ich wiederhole es gerne, denn es ist das Rezept zum Erfolg: ÜBEN.

Sie werden sich nicht verändern, wenn Sie nicht bereit sind, den Schweiß hochzutreiben und die Muskeln zu strapazieren. Damit meine ich auch Ihr Gehirn. Je mehr Sie üben, desto virtuoser können Sie sich selbst verwirklichen. Das ist wie bei einer Geigenspielerin. Stellen Sie sich vor, zwei Kinder freuen sich über dieses schöne Instrument unter dem Weihnachtsbaum. Wie lange diese Freude anhalten wird, entscheidet das Kind allein. Eines wird vielleicht in den folgenden zehn Jahren tausend Übungsstunden investieren, es wird eine gute Spielerin. Das andere ist fasziniert von diesem Instrument. Es empfindet ein tiefes Gefühl der Dankbarkeit. Es nimmt die Geige in die Arme und weiß, sie wird wie ein Begleiter im Leben sein. Dieses Kind wird in den nächsten zehn Jahren mehr als zehntausend Stunden üben, bis die Finger schmerzen. Es wird sich dennoch das innere Leuchten für die Geige bewahren. Es wird sich dennoch immer weiter vorwagen in die Welt der Klänge. Dieses Kind wird aller Wahrscheinlichkeit nach eine Virtuosin. Einzig die Leidenschaft und der Fleiß bilden außergewöhnliche Muster – Erfolg ist niemals gottgegeben. Auf welchem Gebiet wollen Sie ein Virtuose sein? Sie haben die Wahl.

Ihr Ego wird übrigens alle Register ziehen, um Ihren Aufbruch zu verhindern – denken Sie an die Subpersonalities. Es wird mit alten Glaubenssätzen um sich werfen, es wird Szenarien des Scheiterns entwerfen, und wenn alles nichts nützt und Sie immer noch an neuen Mustern stricken, dann operiert es mit der Angst. Es flüstert: „Wenn du dich veränderst, dann verlierst du den Job, deine Frau, deine Freunde. Du wirst krank oder einsam sein. Du wirst alles verlieren, was du dir aufgebaut hast." Glauben Sie diesen Ängsten nicht, wischen Sie sie zur Seite. Die sind nichts als eine egogetriebene Phantasie. Denn seit Urzeiten gibt es nur zwei echte Ängste: die vor dem Fallen und die vor lauten Geräuschen. Alle anderen Ängste sind Illusion, sie beruhen nicht auf einer wirklichen Bedrohung. Ihr Ego aber provoziert im Monolog, konstruiert fiktive Gebilde der Angst. Ein Dialog ist ihm zuwider, denn das würde bedeuten, ein Pro und Kontra abzuwägen. Es befürchtet, dass es gute Argumente für Ihren Aufbruch gibt. Deshalb arbeitet es mit Schuldgefühlen und Ängsten. Das hält Sie klein.

Ein Freund von mir, ein Apotheker, erzählt gerne, wie es ihm gelang, junge Menschen von der Kleinheit zum Aufbruch zu ermuntern. Ihn interessiert das Schicksal der anderen, er gibt sich nie mit Oberflächlichkeiten zufrieden, sondern sucht stets die Geschichte hinter der Geschichte. Ich erinnere mich gut dran, wie wir an einem Sommerabend in seinem Garten saßen und er nachdenklich wurde: „Es läuft etwas schief in unserem Land, wenn junge Hauptschüler den Anschluss an einen Beruf nicht finden."

Mein Freund, nennen wir ihn Hartmut, half mit einer Gruppe gleichgesinnter Optimisten, den Hauptschülern in seiner Stadt einen Job zu verschaffen. 60 bis 80 Prozent dieser Jugendlichen waren arbeitslos, und es bedurfte nicht viel Phantasie, um zu wissen, wie ihr Leben mit diesen Voraussetzungen verlaufen würde. Hartmut und seine Freunde überlegten, wie sie die Mädchen und Jungen unterstützen könnten. Sie fanden: Es waren tolle Menschen, die sich ihr Lachen bewahrt hatten – trotz schwieriger Einflüsse von außen: Die Eltern waren oftmals Hartz-IV-Empfänger, die Lehrer zeigten wenig Engagement, sie über den Stundenplan hinaus zu unterstützen. Und doch bewarben sich diese jungen Menschen seit Monaten voller Hoffnung auf einen Ausbildungsplatz – und wurden regelmäßig enttäuscht. „Wir danken für das Bewerbungsgespräch und bedauern, Ihnen mitzuteilen, dass unsere Wahl auf einen anderen Kandidaten fiel. Mit besten Grüßen ..." – so lautete die Standardabsage. Ein Bausteinsatz, der eine ganze Jugendwelt ankratzen kann. „Was ist der Grund für diese Absagen?", fragte sich Hartmut. Eine sehr einfache Maßnahme brachte eine schlagartige Verbesserung der Erfolgsquote.

Zuerst versetzten sich die Freunde in die Lage der Antagonisten – also nicht in die Lage der Bewerber, sondern in die Lage derjenigen, auf die es ankam: der Personaler! Sie fragten sich: „Was sind die bewussten oder unbewussten Kriterien dafür, Menschen einzustellen oder nicht einzustellen?" Sie änderten die Perspektive, betrachteten nicht mehr die Noten, sondern den Menschen mit seiner Geschichte. Damit landeten sie bei einem unbewussten Kriterium für ein erfolgreiches Bewerbungsgespräch: dem Selbstbewusstsein. Niemand möchte eine unsichere, labile Persönlichkeit einstellen. Viel eher weckt eine selbstsichere Person die Aufmerksamkeit, ganz unabhängig von Noten. Daraufhin übte Hartmut mit den Jugendlichen die Signale des Selbstbewusstseins: fester Schritt, aufrechte Haltung, Blickkontakt suchen und halten, Körper frontal zum Personaler wenden, die Augen während des Überlegens nach oben rechts wandern lassen, mit deutlicher Stimme in Eigentonlage sprechen, Freude auf das Gespräch empfinden. Das war schon alles. Das Ergebnis: Mehr als die Hälfte der Bewerber erhielten nach dem nächsten Vorstellungsgespräch eine Ausbildungsstelle. Andere waren beim zweiten oder dritten Termin erfolgreich. So einfach – und so zukunftsweisend war diese Aktion.

Wie funktionierte das? Wenn Sie als Underdog einen Raum betreten, geht Ihr Gegenüber in die Gegenposition. In der Transaktionsanalyse würde dieser Vorgang so beschrieben: Das angepasste Kind provoziert das kritische Eltern-Ich. Und das kritische Eltern-Ich sagt wie automatisch: Den stelle ich nicht ein! Oder: Ich nutze den aus!

Durch das Training haben die Kinder ihr Underdog-Verhalten abgelegt. Sie haben gelernt, Defizite durch ihre Körperhaltung und ihre Stimme auszugleichen und sich dadurch selbstbewusster zu geben. Das hat bei den Verantwortlichen in den Personalabteilungen so viel Vertrauen erzeugt, dass sie sich gesagt haben: Den kann ich einstellen, das kann ich guten Gewissens wagen.

Man könnte auch sagen: Die Jugendlichen, die bis dato keine wirkliche Chance hatten, haben hier zum vielleicht ersten Mal eine Idee von ihrem wesenseigenen Potential bekommen. Sie verhielten sich einfach anders, als ihr schwaches Ego ihnen bislang vorgab. Und prompt reagierte die Umwelt positiv.

Ein bisschen Frieden

Aber Achtung: In dem Moment, in dem Sie versuchen, Ihrem Leben einen Sinn zu geben, indem Sie im großen Rahmen eine Stiftung ins Leben rufen, im Namen der Menschenrechts-, Natur- und Umweltorganisationen um die Welt jetten oder sich im kleinen Rahmen für benachteiligte Menschen einsetzen, tun Sie womöglich nichts anderes, als sich anzupassen.

Nicht immer hat das, was bedeutend erscheint, etwas mit Ihrem Purpose zu tun. Allzu oft ist auch Charity nur Ausdruck von Hochmut und eines dominanten Ego, das einen Menschen gekapert hat. Ein Selbstverwirklichungsdrama.

Und nicht immer ist eine leise Geste nur Ausdruck armütiger Kleinheit. Umgekehrt ist es nicht notwendig, ein Bundesverdienstkreuz zu erhalten wie Karlheinz Böhm oder zum Ritter geschlagen zu werden wie Bob Geldof. Sie können auch ohne Zustimmung in der Gesellschaft Ihren Purpose leben, ganz ohne Großtat.

Fühlen Sie sich also nicht klein angesichts der gewaltigen Hilfsprojekte, die Bob Geldof entfaltet, wenn er die größten Popstars der Welt für seine Hilfsaktionen gewinnt. Oder angesichts des leidenschaftlich-missionarischen Survival-Experten Rüdiger Nehberg, der gegen die Genitalverstümmelung von Mädchen und Frauen in Afrika kämpft. Oder angesichts des kürzlich verstorbenen Karlheinz Böhm, der gegen den Hunger in Afrika kämpfte. Sie könnten denken: Angesichts all dieser Heroen bin ich doch eine kleine Nummer! Ich bin sicher, dass Bob Geldof, Rüdiger Nehberg oder Karlheinz Böhm nur ihren Purpose leben bzw. gelebt haben. Bedenken Sie: Ohne die Mitwirkung vieler anderer Menschen wäre diese Leistung nicht möglich gewesen. Jeder Einsatz war wichtig.

Mach dein Ding! Lebe deinen Traum! – an Ratschlägen dieser Art fehlt es heutzutage nicht. Es ist ja schon fast eher so, dass jemand, der bescheiden und friedlich sein kleines Leben führt, ohne ein Weltunternehmen zu gründen, ohne eine große Vision zu verwirklichen, ohne die Weltmeere, das Nashorn oder die Kinder in Eritrea zu retten, als ein verlorenes Leben betrachtet wird. Wenn ich die Titelseiten der Zeitschriften und Magazine sehe, die Themen in den Talkshows, die Titel in den Ratgeberabteilungen der Buchhandlungen und vor allem, wenn ich den Profirednern, den Referenten und Coachs zuhöre, dann fällt mir eines auf: Niemand rät mehr: „Sorge dich nicht, lebe!", wie der Urvater der Lebenshilfe, der selige Dale Carnegie, es tat.

Mia san mia!

Ich will Sie nicht ermuntern, gute Taten zu unterlassen oder erfolglos zu bleiben. Und ich bin auch voller Hochachtung für die Helden unserer Zeit. Das alles sind großartige Menschen, die trotz ihres Erfolges und ihrer enormen Wirkung nicht hochmütig geworden sind.

Erfolg – und damit meine ich nicht nur, aber auch finanziellen Erfolg – führt leicht vom Pfad des Purpose ab ins Gestrüpp des Ego. Für den Hochmut gibt es zwei Abbiegungen.

Die erste: Ich kann hochmütig sein, indem ich mich aufgrund meiner Erfolge über andere Menschen erhebe und mich ihnen überlegen fühle. Diese Verführung ist groß, wie umjubelte Schauspieler und Popstars uns leider beweisen. Die glauben am Ende, tatsächlich das zu sein, was Fans in ihnen sehen. Am Ende können sie die riesige Last nicht mehr schleppen. Die Liste der Tragik hat viele Namen: Marilyn Monroe,

Heath Ledger, Whitney Houston, Kurt Cobain, Elvis Presley, Michael Jackson, Jimi Hendrix, Janis Joplin, Philip Seymour Hoffman … Mein Erfolg war nicht ansatzweise so groß wie der der Genannten. Und trotzdem habe ich am eigenen Leib erfahren, wie schwer es ist, bei sich zu bleiben, wenn das Vermögen viele Stellen vor dem Komma hat und Tausende Menschen zur Leistung applaudieren. Das verführte mich zu dem Glauben, besser zu sein als die meisten. Und schon war ich in der Ego-Falle …

Die zweite Abbiegung ist der Anschluss an eine scheinbar überlegene Gruppe. Wenn ich nicht eigene Erfolge erreiche, die meinen Hochmut unterfüttern, dann kann ich sie aus einem Gruppengefühl speisen, indem ich mich mit anderen identifiziere, mag mancher denken.

Der größte Sportverein der Welt ist der FC Bayern München mit einer Viertelmillion Mitgliedern (Stand: 2014). Warum hat dieser Verein so viele Anhänger? Die Antwort ist einfach: Weil er in diesem Jahrzehnt der erfolgreichste Club in der populärsten Sportart der Welt ist.

Menschen schließen sich vornehmlich den Erfolgreichen an, damit diese Überlegenheit Teil ihres Ego werden kann. Schauen Sie einmal die Internetforen an, wenn Fußballfans diskutieren. Oder gehen Sie mal ins Stadion und hören Sie den Gesprächen der Menschen zu. Es geht dabei permanent um Hohn und Spott für die Gegner und deren Anhänger. Die Überheblichkeit der Fans gegenüber anderen Fans ist grenzenlos. „Mia san mia" ist der Slogan der Bayern-Fans. Dieser würde in alle Fußballstadien der Welt passen. Denn es heißt nichts anderes als: Wir sind die Besten, die Größten, die Wichtigsten, wir genügen uns selbst. Beobachten Sie einmal die Fankurven in den Stadien: Die Menschen leiden, wenn ihr Verein verliert. So stark ist diese Identifikation. Die ganze Werbewelt nutzt dieses Schema – Sie triggert ihr Ego.

Ganz ohne Ego kommen wir trotzdem nicht durchs Leben. Das ist völlig in Ordnung, solange wir nicht daran verhaftet bleiben. Wie der Dalai Lama. Er ist für mich ein großartiges Vorbild – und vielleicht auch für Sie. Ihm gelingt, was nur wenige vermögen: Er driftet weder in Hochmut noch in Armut ab, sondern bleibt immer ganz bei sich. Ein Virtuose der Menschlichkeit.

Götterfunke

2 0.000 Euro für die Suche nach dem Ich. Wo bitte geht es lang zur Erleuchtung?, scheinen sie zu fragen. Sitzend in den Reisebüros. Blätternd in den Katalogen. Sie sind müde vom Job, genervt vom Alltag oder haben den roten Faden im Leben verloren. „Irgendwo muss es einen tieferen Sinn geben als der stetige Trott" – sagen sie sich und blicken der Reiseberaterin in die Augen. „Na klar gibt es das!", ruft die Dame erfreut, denn sie hat erkannt, dass dieser Kunde sich eine innere Berührung, ein Streifen der Seele, ein Füllen seiner emotionalen Räume erhofft. Solche Kunden zählen zum Premiumkreis, weil sie mehr wollen als lustige Sangria-Abende an der Strandbar, mehr als ein Städte-Sightseeing in Europa. Also empfiehlt die Dame im Reisebüro SummitClimb, Altitude Junkies oder Wikinger-Reisen und tippt dabei entschlossen mit dem Zeigefinger auf ein Angebot: „Eine Tour zum Mount Everest wäre genau das Richtige. Dort oben sind Sie dem Himmel nah." Der Kunde denkt nach, und sein Bauch sendet augenblicklich ein Signal ans Gehirn: „Ja, dort will ich hin", flüstert er ergriffen. „Eine wunderbare Wahl", bestätigt die Reiseexpertin. „Die Veranstalter kümmern sich mit Akribie um Flug, Visum, Sauerstoffflaschen, Gipfelgebühr und buchen sogar einen Koch. Übrigens: Die Sherpas tragen den Großteil der Ausrüstung – und zur Not auch Sie." Gekauft. Gefahr. Illusion.

Es sind ausgebrannte Manager, unterforderte Hausfrauen, rüstige Rentner, oft untrainiert und voller Sehnsucht nach Abenteuer, die diesen Wahnwitz buchen. Sie versprechen sich den Kick zur Veränderung. Dafür riskieren sie den Höhenkoller im Kopf und den Gefriertod der Zehen. Ich frage mich: Was geht in einem Menschen vor, der sich 8.848 Meter über den Meeresspiegel hieven lässt, um sein Prestigeziel zu erreichen? Ist er wirklich glücklich, wenn er auf dem Gipfel steht und das Foto von sich und der Höhe in der Hand hält? Wohl kaum, denn eine Erleuchtung kann nicht organisiert, nicht fotografiert werden.

Als den „Gipfel des Selbstbetruges"[20] beschreibt Reinhold Messner den Mount-Everest-Pauschaltourismus. „Was da von ‚Gipfelglück' und ‚Gottesnähe' in den Büchern steht, entspricht vielleicht einem Wunschdenken, nicht aber gelebten Emotionen." Und er fügt hinzu: „Dort oben ist nämlich nichts zu holen: kein Schatz, keine Erkenntnis, keine Göttergunst." Er wird wohl recht haben. Wenn einer etwas zum Sinn oder Unsinn einer Mount-Everest-Besteigung sagen kann – dann er. Aber warum besteigen Tausende Pauschaltouristen jedes Jahr den höchsten Berg der Erde? Weil sie auf der Suche sind. Nach sich selbst. Vielleicht finden diese Sinnsucher ein Abenteuer – den Sinn des Lebens aber finden sie nicht. Ihrem Innersten kommen sie nicht näher, indem sie sich mit Extratouren so weit wie möglich vom Alltag entfernen. Und doch ist diese Suche auf Reisen scheinbar en vogue.

Jährlich pilgern Tausende Menschen auf dem Jakobsweg, marschieren in Goretex gewandet und mit Titanstöcken ausgerüstet, mit Unterhosen aus bakterientötendem Gewebe und Powermineralpulver im Gepäck von Saint-Jean-Pied-de-Port nach Santiago de Compostela. Zwischendurch nächtigen sie zwischen 20 Betten in kargen Herbergen, verzichten auf Schlaf und Hygiene. ¡Buen Camino! Oder sie weilen schweigend im Kloster, schrubben Böden, schälen Kartoffeln, meditieren auf

Steinböden. Sie irren mit Schamanen durch Labyrinthgärten, buchen Heli-Skiing in Sibirien und Trekking durch die Mongolei. Was wie eine Außergewöhnlichkeit klingt, ist längst zum Massenphänomen mit einem Profitkalkül der Veranstalter geworden. Dennoch: All diese Reise-Abenteuer üben eine enorme Anziehungskraft auf jene aus, die eine Leerstelle in ihrem Leben zu verbuchen haben. Auf dem Weg zum vermeintlichen Gipfel wird buchstäblich jeder Stein umgedreht auf der Suche nach dem eigenen Ich. Entscheidend aber bleibt: Nach jedem Nervenkitzel und jedem spirituellen Ausflug verspüren die Suchenden weiterhin diesen Mangel, der sie immer weiter treibt.

Die 24/7-Aufgabe

Ein erfülltes Leben können Sie nur dann leben, wenn es Ihrer Essenz entspricht. Die ist in Ihnen angelegt, von Geburt an. Sie ist wie Ihr Fingerabdruck als einzigartige Gabe in Ihnen verankert. Glücklich, wer diese Essenz erkennt und fortan nicht müde wird, sie feinzuschleifen. Dazu benötigen Sie kein Programm von außen. Sie benötigen einzig Ihr Wissen um diese besondere Stofflichkeit. Es gibt zahlreiche Ansätze in der Verhaltensforschung, um diese Essenz zu erkennen. Von Theorien des NLPs bis hin zu systemischen Ansätzen versuchen Wissenschaftler, ihre Theorien zu untermauern. Oder das Purpose-Finding, so wie ich es praktiziere. Gemein ist ihnen die Einsicht, dass derjenige, der diese Essenz entdeckt hat, mit seinem Leben zufrieden ist. Das brachte bereits Aristoteles, einer der bekanntesten und einflussreichsten Philosophen, vor 2400 Jahren auf den Punkt: „Reich sind nur die Zufriedenen."

Dass Sie Ihre Essenz finden, ist kein Hexenwerk. Wo Sie eine tiefe Zufriedenheit fühlen, sind Sie richtig. Nur: Gefunden ist nicht bewahrt. Ab diesem Moment geht die Eigen-Arbeit erst los. Sie können diese nicht in andere Hände geben,

Sie müssen selbst-wirksam sein. Kein Sherpa kann Sie dorthin tragen, keine Ausrüstung die Arbeit erleichtern – die Essenz zu erhalten ist zuweilen anstrengend. Und doch liegt hier die wunderbare Chance, dass Sie Ihren Alltag zum schönsten Teil Ihres Lebens formen, dass keine Fluchten mehr nötig sind, denn genau in Ihnen liegt jene Zufriedenheit, die Sie völlig kostenlos und ohne die Todesgefahr einer Mount-Everest-Bezwingung erreichen können. Wenn Sie sagen können: „Ich habe mein Selbst gefunden. So und so sieht es aus", kann das nur der erste Schritt sein auf Ihrem Weg zu einem erfüllten Leben. Vielleicht können Sie besonders gut reden, schreiben, musizieren, Streit schlichten, werkeln, Kinder begeistern, alten Menschen zuhören – Gaben haben unzählige Facetten. Sie haben jetzt, in einem zweiten Schritt, die Aufgabe, Ihre Essenz in die Realität zu heben. Der Weg beginnt gerade erst, ab jetzt wird er herausfordernd. Hauchen Sie Ihrer Essenz Leben ein.

Ohne den dritten Schritt sind die beiden ersten, Erkennen und Feinschleifen, allerdings ohne Bedeutung. Allein durch Ihr Vorhaben, in der Sahelzone Brunnen zu bauen, wird kein Durst gelöscht. Wenn Sie Kindern aus bildungsfernen Familien die Freude am Lesen vermitteln wollen, dann passiert so lange nichts, wie Sie nicht in Aktion kommen. Zwischen Essenzfindung und Selbstverwirklichung fehlt also noch ein entscheidender Baustein. Dieses Plus hat etwas mit Handeln zu tun. Also fragen Sie sich an dieser Stelle: „Was muss ich tun, damit ich meiner Gabe entsprechend leben kann?"

Bemühen wir hier noch einmal Aristoteles, meinen berühmten, weitsichtigen Helden, der erkannte, dass es rein gar nichts wert ist, wenn einer denkt, er sei dein Freund. Oder es dir sagt. Denn ein Freund ist nur der, der sich auch freundschaftlich verhält. Ein Mensch, der sich in der Not abwendet, ist nun mal kein Freund, auch wenn er es vorher noch so sehr beteuert hat. Der Beweis ist das Tun. Was zählt, sind nicht die Vorhaben, die Pläne. Sondern das MACHEN.

Schauen Sie sich Richard Branson an. Alles, was er tut, hat dieselbe Handschrift, den Virgin-Touch. Fluglinien, Musikstudios, Radiosender oder Mobilfunkgesellschaften haben auch schon andere vor ihm gegründet. Aber er revolutioniert sie. Er denkt groß, weit und quer. Er schippert nicht drei Tage lang auf der Alster, sondern er umrundet mit dem Ballon den Globus. Er gründet nicht nur eine Fluglinie, die als erste Massagen an Bord anbietet und nach individuellen Zeitplänen der Gäste fliegt, er gründet auch ein Unternehmen, das Menschen ins All bringen soll. Er hat schwindelerregende Ideen – meist setzt er sie um. Er stört sich nicht am Scheitern, sondern richtet den Blick auf Erfolg. Dass er als Kind Legastheniker war, hielt ihn zu keinem Zeitpunkt davon ab, an sich zu glauben und zum unternehmerischen Milliardär zu werden. „Bald will er mit seinem U-Boot-Projekt Virgin Oceanic sogar zum tiefsten Punkt des Atlantiks steuern, dem nie zuvor erkundeten Puerto-Rico-Graben in 9,2 Kilometer Tiefe."[21] Solche Aktionen sind seine Essenz. Branson träumt nicht, er tut es. In seinen 300 Unternehmen. Und privat als in die Jahre gekommener Sportler. Im Tun springt der Funke über. Das ist der Götterfunke, der aus dem Tun ein Wirken in der Welt macht und damit aus einem zufälligen Leben ein sinnvolles Leben. Der Funke, der einen Menschen inspiriert und so aus einer Person eine Persönlichkeit werden lässt und aus einer Arbeit ein Werk.

Die eigene Essenz in die Realität zu bringen ist kein Teilzeitjob! Drei Stunden in der Woche beim Yoga Atmen und Hingabe zu üben funktioniert nicht. Wenn Ihr Leben sinnvoll sein soll, dann muss es eine 24/7-Aufgabe sein. Wenn Sie Apfel sind, dann sind Sie immer Apfel. Wenn Sie als Apfel meinen, sich unbedingt als Birne präsentieren zu müssen, dann werden Sie Ihr Leben nur mit Abstrichen leben können. Mit anderen Worten: Es macht keinen Sinn, zehn Stunden am Tag das falsche Leben zu führen, zu buckeln oder großzutun, nur um am Abend eine halbe Stunde man selbst sein zu dürfen. Oder: 49 Wochen stickige Alltagsluft und 3 Wochen dünne Höhenluft bewirkt weder Erfüllung noch Zufriedenheit – sondern nur ein Festhalten an der Illusion.

Was also ist Ihre Essenz? Und wie verfeinern Sie sie und lassen sie wahr werden? Sie müssen nicht Branson imitieren. Ganz im Gegenteil. Nicht jeder kann die Menschheit zum Staunen bringen. Es geht nicht um schiere Größe, sondern um die Passgenauigkeit mit dem eigenen Ich. Es genügt, die Wirkung zu erzeugen, die in Ihnen von Geburt an angelegt ist. Vielleicht ist Ihre Bestimmung und Zufriedenheit, Kinder großzuziehen und ihnen die nötige Stärke mit auf den Lebensweg zu geben. Oder in Ihrer Firma visionäre Entscheidungen zu treffen. Oder Sicherheitskonzepte für Flughäfen zu gestalten, ein Tierheim zu führen, Vermieter zu sein. Die eigene Essenz zu leben, rettet nicht unbedingt die ganze Welt, aber es rettet Sie.

Aber wie muss dieses Handeln aussehen? Um das zu verstehen, hilft es zu überlegen, wie Sie es nicht machen sollten. Und da steht ganz oben auf der Liste der Verbote der Versuch, die eigene Essenz anderen Menschen überzustülpen, denn das geht immer schief. Das habe ich selbst erfahren müssen, als ich hochmütig wurde.

Inseln und Kontinente

Eine der schlimmsten Niederlagen, die ich durch meinen eigenen Hochmut einstecken musste, erlitt ich als Leitwolf im Vertrieb. Damals versuchte ich, ausnahmslos alle Verkäufer, die in meinem Team arbeiteten – und das waren ein paar hundert – zu Topverkäufern zu machen. Ich litt darunter, dass manche von ihnen nicht so effektiv waren, wie sie hätten sein können. Sie schöpften aus meiner Sicht ihr Potential nicht aus. Also investierte ich in die Ausbildung dieser Verkäufer, lud sie zu Seminaren und Vorträgen ein. Dort stand ich dann auf der Bühne und ackerte dafür, dass sie inspiriert und trainiert wurden. Aber manche wollten gar nicht besser werden; die waren zufrieden mit ihrer Performance. Und andere konnten aufgrund ihrer Veranlagung einfach keine hervorragenden Verkäufer sein.

Heute ist mir klar: In Wirklichkeit habe ich nur an mich gedacht. Ich habe nicht gefragt: „Was wollt ihr? Was könnt ihr?" Ich wollte jeden im Saal begeistern, jeden zwingen, sein Potential zu leben. Am liebsten hätte ich ihnen zugerufen: „Ich rette euch alle!" Ich habe lernen müssen, dass die 80:20-Regel nach dem Ökonomen Vilfredo Pareto keine Ausnahmen kennt: 20 Prozent sind Topleute; 80 Prozent sind Durchschnitt oder schlechter. Bezogen auf die Leistung. Ich kann diesen Prozentsatz nicht ändern, aber ich kann das Gesamtniveau anheben. Und das ist o.k.!

Als ich von meinem Ego getrieben wurde, koste es, was es wolle, stellte ich meine Bedürfnisse über die der anderen. Auch wenn ich es gut meinte und wollte, dass sich die Verkäufer verbesserten, so erlaubte ich ihnen nicht, selbst zu entscheiden, ob sie sich verändern wollten. Mein Ego aber feuerte mich an: „Mach sie besser, du musst ein bedeutender Teamleiter sein, einer, der erfolgreich ist." So rannte ich in meinem Ehrgeiz Zäune nieder. Nach und nach ließ ich Freunde hinter mir, enttäuschte Menschen wandten sich ab. Ich dachte, das sei normal. Es gehöre eben dazu, Opfer für den eigenen Purpose zu bringen. Bis ich erkannte, dass ich mich selbst zum Opfer gemacht hatte.

Wahren Erfolg können Sie nur gemeinsam mit anderen finden. Schon John Donne, ein Zeitgenosse Shakespeares, hat es auf den Punkt gebracht: „Niemand ist eine Insel, in sich ganz; jeder Mensch ist ein Stück des Kontinents, ein Teil des Festlandes." Nicht nur die Gemeinschaft verliert einen wichtigen und wertvollen Teil, wenn sich jemand zur Insel macht. Noch größer ist der Verlust für denjenigen, der sich als Insel sieht. Er verliert den Kontakt zum Festland. Ohne Menschen um sich herum, die ihn berühren, verarmt er. Die Essenz in die Wirklichkeit bringen heißt deshalb nicht: allein in die eigene Realität. Das geht gar nicht. Sie können nichts tun, was nicht irgendjemand anderen beeinflusst. Deshalb bringen Sie die eigene Essenz immer auch in die Realität der anderen.

Und auch andersherum gilt das: Ohne die Realität der anderen kann es keine eigene Realität geben. Unternehmer kennen das: Was nützen die von Werbeagenturen wohlgeformten Firmenprofile – wenn keiner der Belegschaft danach lebt. Oder wenn kein Kunde kommt. Es gibt keine Realität ohne die anderen. Kein Kontext ist sinnvoll ohne Emotion, ohne die Freude, damit zu arbeiten, damit zu leben. Deshalb müssen Sie, wenn Sie Ihre Essenz verwirklichen wollen, Ihre Umgebung miteinbeziehen. Den Purpose zu leben, bedeutet immer auch zu dienen. So beginne ich in meinen Seminaren eine Purpose-Formulierung mit den Worten: „Ich diene der Welt dadurch, dass ich ...“ Denken Sie daran, es geht um winning *for* life!

Aber wie soll das gehen, individuell zu sein und gleichzeitig die Gemeinschaft nicht zu vergessen? Es gibt da jemanden, von dem wir alle etwas lernen können.

Stop talking – start planting

Eigentlich sollte es nur ein Referat über die Gefahren der Erderwärmung werden. Im Geographie-Unterricht ist das ein beliebtes Thema. Der Junge las in Büchern nach, befragte seine Eltern und Großeltern, schaute sich den Dokumentarfilm „Unbequeme Wahrheiten“ mit Al Gore an und recherchierte im Internet. Dort beeindruckte ihn die Geschichte der kenianischen Friedensnobelpreisträgerin Wangari Maathai, die in afrikanischen Ländern Bäume pflanzte, um dem Klimawandel entgegenzuwirken. Dann stellte er seine Rechercheergebnisse zusammen und hielt sein Referat, so wie es tausend andere Schüler mit derselben Aufgabe vor ihm auch schon getan hatten. Und tausend nach ihm ebenso. Aber Felix Finkbeiner wollte mehr als nur eine gute Note.

Seine Idee war ganz einfach. „Wir Kinder werden die Folgen des Klimawandels ausbaden, also müssen wir ihn auch aufhalten", dachte er sich. Er hatte den Traum, dass sich alle Kinder der Welt zusammentun und Bäume pflanzen. Pro Kind 150 Bäume – das würde reichen, um die Klimakatastrophe zu verhindern, so rechnete er. Bis zu diesem Punkt war alles so, wie es meistens ist. Träumen. Reden. Und dann tat Felix Finkbeiner etwas, was die anderen, die in ihren Schulreferaten den steigenden Energieverbrauch, die Erhöhung der Kohlenstoffdioxid-Konzentration in der Atmosphäre und die globale Erderwärmung angeprangert hatten, nicht gemacht hatten: Er pflanzte vor seiner Schule einen Baum. Das war 2007, und Felix Finkbeiner war neun Jahre alt.

Kurze Zeit später gründete Felix die Organisation Plant-for-the-Planet. Er sprach vor Wirtschaftsgrößen und Politikern, um für seine Idee zu werben und Spendengelder einzuholen. In jedem Land der Welt wollte er eine Million Bäume pflanzen. Verrückt! Ein paar Nummern zu groß für so einen kleinen Bub, könnte man meinen. War es aber nicht. Sechs Jahre nach dem ersten Baum hatte er sein Ziel schon um ein Vielfaches übertroffen. 12,6 Milliarden Bäume gehen bereits auf sein Konto. Milliarden! Und er macht immer noch weiter. Eine Million Kinder-Botschafter will er ausbilden. 1.000 Milliarden Grüne Lungen will er bis 2020 gepflanzt haben.

Felix lebte seinen Traum, indem er zur Schaufel griff, statt zu sagen: „Man müsste mal ..." So ist sein Slogan heute auch „Stop talking – start planting!". Das ist das eine. Aber der eigentliche Durchbruch war, dass er verstanden hat, dass ein Mensch allein keine Milliarden Bäume pflanzen kann. Felix hat es geschafft, andere ins Boot zu holen, sie an seinem Traum zu beteiligen und etwas Großes daraus zu machen. Wie hat er das angestellt?

Jetzt könnten Sie der Meinung sein, dass es nun mal charismatische Menschen gibt und weniger charismatische. Den einen fällt es leicht, zu strahlen und andere mit sich zu reißen. Und andere haben großartige Ideen, mit denen sie aber ihr Leben lang allein bleiben. Einfach weil es ihnen nicht gegeben ist, überzeugend aufzutreten und zu begeistern. Glückssache also. Veranlagung.

Ich denke allerdings nicht, dass es sich so verhält. Ich glaube nicht, dass Felix nur deshalb Wirkung zeigt, weil er ein Wunderkind ist. Denn ich habe ihn kennengelernt, als er 2012 den von mir und der Winspiration-Day-Association gestifteten Winspiration-Award entgegennahm. Er ist ein völlig normaler Junge, einer, der gerne Fußball spielt, über Hausaufgaben stöhnt und abends heimlich unter der Bettdecke liest. Wie also kann er mich und so viele andere Menschen begeistern?

Ich habe lange über ihn und seine Geschichte nachgedacht, habe ihm ein ganzes Kapitel in meinem Buch „Und das Beste kommt noch" gewidmet.[22] Und ich habe erkannt, dass es eine Handvoll ganz bestimmter Voraussetzungen sind, die er intuitiv erfüllt. Und mit deren Hilfe sein Leben bedeutsam geworden ist.

Die erste Voraussetzung: Felix Finkbeiner macht all das aus freiem Willen und aus ganzem Herzen. Viele Kritiker haben ihm unterstellt, dass er nur die Marionette eines geltungssüchtigen Vaters sei, der ihn kreuz und quer durch die Welt jagt, um seine eigenen Weltverbesserungspläne durchsetzen zu können. Ein kleiner Junge verspricht schließlich mehr Medienecho als ein ehemaliger Baustoffunternehmer. Aber Felix nimmt all den Neidern den Wind kurzerhand aus den Segeln: „Wenn ich das nicht machen wollte, hätte ich längst aufgehört", sagt er selbstbewusst. Und man glaubt es ihm.

Zweitens: Er hat keine Angst vor der Größe und der Stärke anderer. Wenn er sich vor Größeren fürchte, hätte er es keine zwei Tage in der Erwachsenenwelt ausgehalten. Egal, wie stark ihn seine Eltern unterstützen oder ein Medienhype ihn trägt. Er schüttelt Präsidenten und Filmstars die Hand. Er vergeht nicht vor Ehrfurcht vor ihnen, sondern erzählt ihnen selbstbewusst von seinen Plänen. Und er bittet sie um Unterstützung. Und zwar auf Augenhöhe. Sein Purpose, seine Vision macht ihn selbst stark.

Drittens: Weil er sich nicht vor Größe fürchtet, die nicht die eigene ist, kann er auch gut damit umgehen, dass andere wachsen. Sein Ziel ist es nicht, allein zu wachsen. Er will gemeinsam mit anderen wachsen. Deshalb muss er nicht im Zentrum stehen. Er akzeptiert, dass sein Traum eher Wirklichkeit wird, wenn er sich der Welt als Galionsfigur zeigt. Aber er muss nicht alles selbst machen, er will nicht um jeden Preis alle Fäden selbst in der Hand halten. Deshalb genügt es ihm, Länder zu bereisen, die Kinder dort zu inspirieren – und wieder abzureisen. Er weiß, dass sein Traum umso schneller Wirklichkeit wird, je mehr er andere zum Zuge kommen lässt.

Viertens: Er hält Widersprüche aus. Von seinem großen Vorbild Al Gore war er enttäuscht. Als er demjenigen, der den Friedensnobelpreis bekam und fast Präsident der Vereinigten Staaten geworden wäre, eines Tages selbst gegenüberstand, musste er erkennen, dass dieser Mann und er sich nicht viel zu sagen hatten. „Ich habe kurz mit ihm geredet; er war nicht besonders beeindruckend", sagte Felix später einmal über die Begegnung. War er traurig, enttäuscht? Vielleicht. Aber hat er sich davon beirren lassen? Nein. Er konnte die bestehenden Unterschiede als Bereicherung anerkennen.

Fünftens: Er weiß, was er braucht und was er nicht braucht. Wenn er anfangs unterwegs zu seinen Vortragsterminen war, reiste er mit dem Nachtzug und nicht mit dem Flugzeug, übernachtet hat er in Jugendherbergen. Tolle Länder zu bereisen, interessante Menschen kennenzulernen, in guten Hotels abzusteigen ist für ihn nicht der Sinn seiner Anstrengungen, sondern ein Nebeneffekt dessen, worum es eigentlich geht: seinen Traum voranzutreiben und Menschen mitzunehmen.

Das ist ganz schön viel Weisheit für einen jungen Menschen, finde ich. Seine Einstellung zu allem, was ihn umgibt, macht ihn nicht zu einem Wunderkind, sondern zu etwas viel Wertvollerem: zu einem bedeutenden Menschen. Was ist das nur für eine Haltung, die Felix Finkbeiner der Welt gegenüber zeigt?

Wissen Sie, worüber wir hier die ganze Zeit sprechen? Was der gemeinsame Nenner dafür ist, dass einer nicht sich selbst in den Mittelpunkt stellt, sondern die Sache?

Es ist Demut.

Groß, größer ...

Demut klingt nach Dienen. Nach Unterwerfung und Untertanentum. Von der Wortherkunft her stimmt das auch. Das althochdeutsche „diomuoti" bedeutet „dienstwillig". Diese Demut ist passiv: Gedemütigt zu werden hat etwas zu tun mit einem Stärkeren, der demütigt, und einem Schwächeren, der sich demütigen lassen muss. Und deshalb auch mit Erniedrigung und Scham. Schade, dass Demut auch oft mit reiner Entsagung verwechselt wird. Nietzsche nannte sie „ein gefährliches und verleumderisches Ideal, hinter dem sich Feigheit und Schwäche verstecken".

Ich aber verstehe unter Demut etwas ganz anderes. Für mich ist Demut eine Haltung, die sich als handelnd versteht, nicht als behandelt werden. Als Demütiger dienen Sie nicht anderen, sondern dem Leben. Sich und anderen. Diese Demut wird Ihnen nicht von anderen aufgezwungen, sie kann nur aus Ihnen selbst kommen. Sie ist eine bewusste Entscheidung, eine bewusste Haltung. Eine, die sich selbst in einen größeren Zusammenhang stellt. Sie bedeutet, um den eigenen Wert zu wissen und gleichzeitig anzuerkennen, dass es Größeres gibt als Sie selbst. Als Felix Finkbeiner den Winspiration-Day-Award entgegennahm, sagte er: „Dieser Preis ist nicht für mich, sondern für alle Kinder." Einstudierte Demut? Nein. Ich weiß, dass dieser Satz von Herzen kam. Als ich ihn zuvor gefragt hatte, ob er den Award annehmen wolle, antwortete er: „Ja, aber nur, wenn er für alle Kinder der Plant-for-Planet-Organisation ist."

Demut ist der Schlüssel dafür, dass Sie Ihren Purpose leben können. Der Schlüssel zu maximaler Stärke und auch maximaler Freiheit. Der Demütige ist anti-fundamentalistisch. Offen. Er ruht in sich selbst, er entscheidet, was wirklich wichtig ist. Er bestimmt darüber, was seiner Essenz dient und was nicht.

Das ist einfach gesagt und im Prinzip auch einfach verwirklicht. Lassen Sie Armut und Hochmut weg, dann bleibt Demut übrig. Dann ist alles, was nicht auf Ihren Purpose einzahlt, automatisch nicht mehr wichtig. So ermöglicht die Demut erst die Verwirklichung Ihres Lebenssinns.

Wenn Ihre Haltung dem Leben gegenüber eine demütige ist, dann kommen Sie vielleicht zu dem Schluss, dass Sie gar nicht auf dem Mount Everest stehen müssen, um zu zeigen, wer Sie sind. Oder um Gott nahe zu sein. Und wenn es zu Ihrer Essenz gehören sollte, sich Strapazen auszusetzen und Abenteuer zu bestehen, dann erreichen Sie Ihr Ziel demütig und auf eigenen Füßen. Und nicht von anderen getragen.

In den eigenen Schuhen laufen

Manager haben es. Job-Hopper ebenso. Selbst Schülern, Studenten, Hausfrauen, Pensionären ist es nicht fremd. Manche reden darüber, wie der Skispringer Sven Hannawald oder der Autor Frank Schätzing. Andere schweigen. Quer durch die Gesellschaft nistet sich etwas ein, das lange Zeit keinen Namen hatte. Klar war damals nur: Wer betroffen war, dem gerieten Körper und Geist aus der Balance. Dann landete dieses mysteriöse Etwas im Blut, in den Zellen – in der Seele. Und in diesem inneren Raum eines Menschen brannte es die Freude, die Zuversicht und die Zufriedenheit aus. Zurück blieb die Traurigkeit in einer Leere. Die Ärzte waren ratlos, denn dieser Zustand ließ sich äußerlich nicht tasten und mit Instrumenten nicht messen. Wo keine Symptome, da keine Ursache!, befanden sie. Aber das Ignorieren eines Problems brachte noch nie eine Erleichterung. Also litten die Menschen weiter an einem schweren Gemüt und einem erschöpften Körper. Bis heute raubt dieses Etwas seinen Opfern die Glanzmomente im Denken, den Schwung zum Handeln – dann wird alles dunkler, jeden Tag ein bisschen mehr. Seit 1974 haben wir dafür ein Wort. Der Psychoanalytiker Herbert Freudenberger publizierte als Erster wissenschaftlich zum Thema Burnout. Die WHO zögert noch immer, dieses Leiden aus Erschöpfung auf die Liste der anerkannten Krankheiten zu setzen. Alarmierend aber bleibt, dass die Opferzahl steigt und das Alter der Betroffenen sinkt.

Wenn Krankenkassen, Versicherungen, Unternehmensberatungen jährlich Konzepte gegen einen Burnout entwerfen, wenn die Politik mahnt, die volkswirtschaftliche Leistung sei bedroht, dann sind solche Aktionen lobenswert. Ändern werden sie nichts. Kein Experte in einer Talkrunde kann den Anstieg der Krankheit stoppen, kein noch so gutgemeinter Ratschlag kann ein Stoppen des Burnouts bewirken. Schlage ich die Bücher zu diesem Thema auf, dann lese ich Ratschläge für eine gute Ernährung, ein Sportprogramm und regelmäßigen Schlaf. Das mag einem gesunden Lebenswandel zuträglich sein, aber ein burnoutgeplagter Mensch wird diese Tipps nicht beherzigen können. Er wird zu müde sein, zu traurig, zu ziellos. Solche Tipps muten ähnlich an wie die aberwitzige Aufforderung: „Sei spontan, gutgelaunt, witzig!" In dem Moment, in dem Sie einem Menschen diese Aufforderungen zurufen, verstärken Sie das Gegenteil. Ähnlich verhält es sich mit dem Burnout. „Fühl dich fit!" klappt nicht, wenn die Seele schlappmacht. Ich glaube vielmehr: Wer in einem Burnout gelandet ist, der hat sein wahres Ich unterdrückt. Er verrät sich selbst aufgrund von Ignoranz oder folgt dem Gruppendruck. Wir können diese egogetriebene Krankheit nicht ernst genug nehmen und ihr nur in einer einzigen Weise begegnen – das Ego kleinzuhalten und niemals müde zu werden, uns die Frage zu stellen: Was will ich wirklich, wirklich in meinem Leben erreichen? Nur mit einem tiefen Verständnis des eigenen Lebenssinns können Sie wirklich Ihren eignen Platz im Leben einnehmen und nein sagen zu den Dingen, die nicht zu Ihnen gehören. Leider wird uns diese Fähigkeit oftmals abtrainiert. Wir sollen funktionieren nach dem Willen der Eltern, Lehrer, Vorgesetzten, Partner, Kollegen, Kunden. Welche Wucht von Ansprüchen strömt da täglich auf uns ein. Kein Wunder, wenn die Seele Dellen erleidet, wenn Menschen das Gespür für die eigenen Bedürfnisse verlieren. Dann laufen wir fremden Zielen hinterher – und werden atemlos.

Stoppen Sie. Schützen Sie sich. Öffnen Sie Ihren Blick für die Weite im Leben. Bleiben wir einmal gemeinsam stehen und betrachten wir einen Bereich, der wie kein zweiter von den Fluchten zurück zu sich selbst erzählt. Ich meine die Quantenphysik.

Ich lehne mich an dieser Stelle einmal sehr weit aus dem Fenster und behaupte: Zahlreiche Wissenschaftler blenden bei ihren interdisziplinären Denkmodellen die Erkenntnisse der Quantenphysik aus. Dabei bietet dieser Bereich alle Merkmale, um einen Burnout zu löschen. Nicht die Sichtbarkeit steht im Fokus der Analyse, sondern die Energie. Alles ist Energie, Sie und ich, jeder Mensch, jedes Lebewesen bis zum Einzeller, jedes Elementarteilchen ist Energie. Die Quantenphysik geht weit über die Grenzen des Sicht- und Erklärbaren hinaus. Sie wagt sich vor bis in die morphogenetischen Felder, bis in die Tiefen der Wissens- und Erfahrungssammlung seit Menschengedenken. Ein Mensch, der sich von seinem Ego löst, kann sich auf eine wunderbare Reise durch dieses Meer der unendlichen Möglichkeiten begeben – und selbst entscheiden, wo er andocken möchte. Er muss nur seine Sinne schärfen, sich sensibel auf das einstellen, was kommt. Er muss in Verbindung mit sich selbst, seiner Essenz, und dem Universum bleiben. Das hat nichts mit Esoterik zu tun, sondern mit den Gesetzen der Natur. Das wurde mir klar, als ich Gastgeber zweier beeindruckender Persönlichkeiten war: eines Professors der Gehirnforschung, dessen Namen ich hier nicht nenne, und Bob Proctor, der sich seit nahezu einem halben Jahrhundert mit den Möglichkeiten des menschlichen Geistes befasst hat und Autor des Bestsellers „Erkenne den Reichtum in dir" ist.[23]

„He doesn't get it"

Im Laufe des Abends sprachen wir drei – wie könnte es in dieser Runde anders sein? – über die Neurowissenschaft. Zu dieser Zeit veröffentlichte Richard David Precht sein Buch „Wer bin ich – und wenn ja, wie viele?"[24] mit den Hinweisen auf die Experimente nach Benjamin Libet: Mittels des bildgebenden Verfahrens der funktionellen Magnetresonanztomographie haben Forscher versucht nachzuweisen, dass die vermeintlich bewussten Handlungsentscheidungen eines Menschen bereits zehn Sekunden zuvor unbewusst geschehen. Mit dieser These kam die Frage auf: Wenn in Hirnregionen Signale von außen aufträten, bevor der Mensch diese bewusst wahrnähme, gäbe es dann einen freien Willen? Ich wandte mich gespannt an den Professor: „Nach dem Stand der schulmedizinischen Forschung ist unser Gedächtnis im Kopf. Was halten Sie von der Vorstellung, dass es außerhalb liegen könnte? Dass wir unsere Informationen aus einem Feld um uns herum erhalten und somit unser Gehirn nur wie ein Transistor arbeitet?" Der Professor verneinte diese Frage strikt. Außerhalb des Gehirns gebe es rein gar nichts, das wir als Gedächtnis betrachten könnten. Mit Vehemenz entgegnete er: „Bezogen auf die Libet-Experimente gibt es nichts außerhalb unseres Selbst. Wir erhalten keinen Auftrag zum Handeln von irgendwoher, bevor das sogenannte Bewusstsein davon erfahren würde. Absolut nein!" Bob Proctor lehnte sich gelassen zurück. Hörte zu. Unterbrach nicht. Stieg nicht ein in die Diskussion. Er schloss die Augen. Ließ den Professor reden, bis der Schlusspunkt gesetzt war. Pause. Dann öffnete Proctor die Augen wieder und sagte nur einen Satz: „He doesn't get it." Er bezog sich genau wie ich auf die Theorie der morphogenetischen Felder, die der britische Biologe Rupert Sheldrake untersucht hatte. Diesem theoretischen Ansatz nach werden Informationen übertragen, die – stark vereinfacht – eine Art unsichtbares Energiefeld darstellen, mit dem Menschen verbunden sind, ähnlich einem Magnetfeld. In diesem Feld sind Informationen über all das, was im Universum existiert, gespeichert und überall auf der Welt verfügbar.

Wenn wir unser Gehirn als einen Empfänger betrachten, ähnlich einem Radio oder Fernseher, dann brauchen wir, bildlich gesprochen, nur die richtige Frequenz einzustellen, um alle Informationen aufzunehmen, die im „Äther" herumschwirren. Wenn „da draußen" etwas existiert, das uns die Informationen gibt, dann kann es über das Gehirn zunächst sichtbar werden und erst dann ins Bewusstsein kommen. Es ist also schon existent, bevor unser Gehirn ein Bild von dieser Information zeichnet.

Eine wunderbare Vorstellung, denn sie bedeutet, dass alle Informationen gespeichert und abrufbar sind. Wir haben die Wahl, an welches Energiefeld wir andocken. Ich glaube, sobald Menschen beginnen, sich für die Erkenntnisse der alten Weisheitslehren und der modernen Quantenphysik zu öffnen, werden sie fähig sein, festgezurrte Muster loszulassen und die Essenz in sich zu schützen. Schließen Sie einmal die Augen, drehen Sie sich um sich selbst. Überall finden Sie Wege aus einer Situation, die Ihnen nicht guttut. Sie entscheiden. Sie sind kein Gefangener Ihrer Umstände. Wie wäre es, hielten diese Gedanken Einzug in Familien, Schulen, Universitäten? Und in die Unternehmen.

Viel zu häufig diktieren Manager sich und den Mitarbeitern eine Strategie, die nicht den ganzen Unternehmenskosmos beleuchtet, sondern lediglich den Spot auf den Profit wirft. Sie richten sich eher nach dem Einmaleins der Lehre und verbannen die Erkenntnisse der Quantenphysik, der Kraft- und Energiefelder, die jedes Unternehmen umgibt, in die Kategorie Esoterik. Falsch – es geht nicht um ein Abheben in nicht skalierbare Sphären. Es geht um eine Öffnung zum Kern des

Ichs, um eine Haltung, die den anderen eine Wertschätzung entgegenbringt, weil sie besagt: Wachstum und Ergebnisse können wir – der Chef, der Manager, die Mitarbeiter, die Kunden, die Partner und alle Interessenten – nur gemeinsam erreichen. Jeder der Beteiligten wird im Meer der Möglichkeiten seine Frequenz erkennen und sie nutzen, um das Beste für das gesamte Unternehmen zu leisten. „Der Einzelne ist mit allem verbunden – das Erleben des Getrenntseins ist eine Täuschung", schreibt Jürgen Karsten in seinem Buch „Das Mentalprinzip".[25] „Jeder ist für sein Schicksal verantwortlich." (2011, S. 156) Das heißt konkret: Es geht nicht um Esoterik, sondern um Einsicht und verantwortungsvolles Handeln. Sie können auch sagen, der Weg dorthin lautet: Vor der Erleuchtung rechts ab. Denn es geht nicht darum, ein einsamer und erleuchteter Yogi zu werden, sondern die alten Weisheiten und das moderne Wissen der Quantenphysik zu nutzen, um im Privaten und im Geschäftlichen bessere Ergebnisse zu erzielen.

Zwischen den Polen

Eine Haltung, die von Eigen-Sinn und äußerer Wahrnehmung geprägt ist, gilt als Geheimrezept des Erfolgs. Im Beruflichen und im Privaten. Und weil kaum ein Geheimnis verdeckt bleiben kann in Zeiten der Digitalisierung, gelangt langsam der Wissensschatz der Shaolin-Mönche von der Kloster- in die Businesswelt. Es ist ein Trend erkennbar, dass Manager, auf der Suche nach überraschenden Strategien, diese Seminare der Achtsamkeit buchen. Mir bleibt ein Erlebnis mit Alain Banon, Leadership-Trainer und Kampfsportmeister, in Erinnerung. Er trat in einem seiner Workshops vor die Teilnehmer, gab einem von ihnen einen Stock in die Hand mit den Worten: „Schlag mir damit auf den Kopf!" Der verdutzte Teilnehmer weigerte sich. Aber der Meister beharrte darauf. Er fügte hinzu: „Vertraue mir.

Du wirst mich mit diesem Stock nicht treffen, egal wie genau du zielst." Und so geschah es. Der Teilnehmer schlug zu. Alain wich zuverlässig aus. Als die Teilnehmer ihn fragten, woher er wisse, wann der Schlag erfolge, zu welcher Seite er ausweichen müsse, um seinen Kopf zu retten, antwortete Alain: „Wenn ich mich auf meine Augen verließe, wäre ich immer zu spät." Um diesen Satz zu verdeutlichen, ließ er sich die Augen verbinden und forderte sein Gegenüber auf, ein Schwert zu nutzen. Der Teilnehmer vertraute mittlerweile auf Alains Fähigkeit und hieb mit der scharfen Waffe auf Alain ein – und durchschnitt die Luft, ohne den Meister zu berühren – denn der wich wieder rechtzeitig aus. Alain weiß, dass es außerhalb des Körpers etwas gibt, das ihm ein Signal sendet. Anders als in der Interpretation des Libet-Versuchs verneint. Etwas – außerhalb des Körpers des Teilnehmers – gab den Impuls des Schlagens an Alain zuvor weiter. Das greift er ab. Das reicht als Zeitvorsprung, um zu reagieren. Auch mit geschlossenen Augen. Er nimmt mit seinen anderen Sinnen wahr. Jenen Bruchteil einer Sekunde vor der Entscheidung, den der deutsche Gehirnprofessor als nicht existent bezeichnet, nimmt Alain wahr, und dieser Vorsprung kann lebensrettend sein.

Auch ich war von der Leistung überrascht, und auch mir fiel ein Spruch ein, der uns oftmals über die Lippen kommt: „Wir sehen nicht mit den Augen, sondern mit dem Herzen." Gemeint ist: Mit den Augen sehen wir nur einen Ausschnitt des Ganzen, nur einen Teil der Lichtfrequenzen – und oft ist es dann zu spät, um zu reagieren. Diese Art der Antizipation machen sich Sportler und Künstler zu eigen. Sie entschlüsseln die Information, bevor sie im Gehirn landen. Wie die Star-Fotografin Sylke Gall, wenn sie den nächsten Gesichtsausdruck ihres Modells vorhersieht. Sie weiß die gesamte Ausstrahlungskraft eines Menschen mit nur einem Klick auf den Auslöser ihrer Kamera festzuhalten: „Ich muss einen Tick früher dort sein, wo der Kunde ankommt. Dann wirkt er ehrlich und pur.

Meine Kunst bewegt sich nie in einem Raster. Sie besteht aus Empfindungen, Vorhersehung und einer großen Portion Empathie", verrät sie mir in einem Gespräch. Ich glaube, jeder von uns hat diese Fähigkeit, Entwicklungen früh zu erahnen, um Situationen zu gestalten. Aber diese Fähigkeit will trainiert werden wie ein Muskel, um nicht zu verkümmern. Empathie entsteht nicht von selbst. Sie setzt die Bereitschaft und die Fähigkeit voraus, Gedanken und Emotionen sowie die Persönlichkeitsmerkmale einer anderen Person zu erkennen und zu verstehen.

Die Indianer sagen: „Wenn du jemanden verstehen willst, laufe eine Zeitlang in seinen Mokassins." Mit diesem schönen Satz meinen sie, vorsichtig mit Urteilen umzugehen. So schieben sie das Ego zur Seite, besorgen sich zuerst die Information, lernen erst, den anderen zu verstehen. Oft verliert ein Vorurteil dann seine Gültigkeit. Never judge a book by the cover – Beurteile nie ein Buch nach dem Einband!

Wie können Sie das Laufen in anderen Schuhen, das Einfühlen in andere Stimmungen und Absichten lernen? Laufen Sie hinter einer Person her, um ihre Schritte, ihren Gang einzunehmen. Sie werden sie plötzlich verstehen. Je mehr Sie das üben, desto einfacher wird es Ihnen gelingen, sich in andere Menschen einzufühlen. Thich Nhat Hanh, vietnamesischer Mönch, lehrt seine Anhänger das Mindful-Walking. Lernen Sie im Hier und Jetzt zu sein. Wenn Sie laufen, dann laufen Sie. Wenn Sie essen, dann essen Sie. Fokussieren Sie Ihre Gedanken auf den Moment. Wenn Sie sich in andere Menschen einfühlen, dann tun Sie das ebenso mit all Ihren Sinnen.

Der Klang von Demut

Wenn Sie das Wort „Demut" hören, dann zucken Sie vielleicht zurück.

Im Alltag wird Demut häufig im Sinne von Erniedrigung, Entwürdigung oder Verletzung verwendet. Jemanden zu demütigen bedeutet, jemandem Schaden zuzufügen, ihn herabzusetzen, ihn respektlos zu behandeln. Dieses Verhalten sollte aber meiner Ansicht nach „armütigen" heißen: jemanden dazu bringen, sich selbst zu verraten, jemanden innerlich arm machen, arm an Mut. Wer arm an Mut ist, vertraut sich selbst nicht, fragt sich nicht: „Was will mein Inneres, meine Seele, mein höheres Selbst? Was ist meine eigentliche Bestimmung?" Wer es nicht wagt, sich diese Fragen zu stellen und die Antworten darauf als Richtschnur für sein Leben zu nehmen, der ist abhängig von außen. Wer arm ist, stellt sich unter sich selbst.

Wir haben die Wahl, sagt der österreichische Neurologe und Psychiater Viktor Frankl, der drei Jahre seines Lebens – von 1942 bis 1945 – in verschiedenen KZs verbrachte, wo er unvorstellbaren Erniedrigungen ausgesetzt war. Er hat diese Zeit physisch und psychisch überlebt, weil er sich nicht unterworfen, sondern seine innere Würde bewahrt hat. Man konnte zwar seinen Körper zwingen, unfrei zu sein, aber nicht seine Gedanken. Er hat die physische Unfreiheit akzeptiert, sich jedoch weiterhin an seiner inneren Richtschnur orientiert: „Eine der letzten menschlichen Freiheiten ist es, seine Einstellung, unter welchen Umständen auch immer, frei wählen zu können", erklärte Viktor Frankl viele Male. Demut in diesem Sinne hat nichts mit Fatalismus zu tun.

Wenn ich von Demut spreche, meine ich damit eine eigenverantwortliche Demut. Im Zustand eigenverantwortlicher Demut akzeptiere ich, dass ich mich meiner Seele, meinem höheren Selbst unterwerfe. Ich erkenne an, wer ich bin und was mein ureigenes, wahres Ich ist. In dieser Haltung können Sie es schaffen, beide Pole aus Armut und Hochmut zur gleichen Zeit zu sehen. In dem Moment kollabieren die Illusionen, die behaupten, es gebe nur eine Position, oben oder unten, rechts oder links. Mit dieser Einsicht der freien Wahl über Gefühle und Verhalten, mit dieser Selbstbestimmtheit fallen die Pole zusammen. Was bleibt, ist die Demut. Nur dort können Meister wie Alain Banon oder die Shaolin-Mönche in unseren Augen Überirdisches leisten, Männer wie Gandhi ohne Gewaltanwendung ein ganzes Land befreien oder der Dalai Lama sein Volk aus dem Exil immer wieder dazu aufrufen, die Hoffnung auf ein Ende der Unterdrückung nicht zu verlieren. Und es ist kein Widerspruch, wenn ich behaupte: Auch große unternehmerische Erfolge basieren auf dieser Demut. Männern wie Warren E. Buffett bin ich persönlich begegnet und habe ihre Bescheidenheit und damit ihre Kraft gespürt, Menschen mitzunehmen, um Erfolgreiches zu leisten. Auch Sie können Menschen mitnehmen in Ihr Kraftfeld. Wenn Sie dort aufrecht stehen, neugierig bleiben.

Richten Sie immer Ihre Seele auf, entscheiden Sie, was Sie annehmen oder ablehnen wollen. Dort, mitten auf dem Feld der Demut, haben Sie die Wahl Ihrer Wege. Wählen Sie nur jene, die Ihrem Naturell entsprechen. Damit sind Sie bereit, sich gegen die ganze Welt zu stellen, wenn dies erforderlich ist, um sich selbst treu zu bleiben. Dazu braucht man Mut!

Solchen Mut zur Demut hat Willy Brandt bewiesen, als er am 7. Dezember 1970 vor dem Ehrenmal der Helden des Ghettos in Warschau niederkniete und um Vergebung für die deutsche Schuld bat. Diese von Willy Brandt ganz bewusst gesetzte Demutsgeste wurde zum Symbol für eine neue Ostpolitik, die für viele Menschen Erleichterungen brachte und ein wichtiger Schritt hin zur Beendigung des Kalten Krieges war. 1971 bekam Brandt dafür den Friedensnobelpreis.

Ein anderes Beispiel ist Papst Franziskus. Er scheint ein engeres Verhältnis zur Demut zu haben als seine Vorgänger –

und auch er beweist Mut damit. Franziskus wagte es in seinem ersten Amtsjahr 2013, die mächtige Partei der konservativen Kirchenfürsten zu provozieren, indem er das fundamental wichtige Ritual der österlichen Fußwaschung von der Lateranbasilika in ein Jugendgefängnis verlegte. Dort wusch er zwölf Gefangenen die Füße, darunter waren auch Moslems und junge Frauen. Ein Tabubruch. Die Konservativen schrien empört auf und verlangten, dieser Verstoß dürfe nicht wiederholt werden. Franziskus scherte sich nicht darum. 2014 begab er sich am Gründonnerstag erneut an einen nichtrespektablen Ort – in eine Behinderteneinrichtung –, um diese Demutsgeste auszuführen, die sagt: Ich erhöhe mich nicht.

Der individuelle Weg

Allerdings kann ich Ihnen eine Wahrheit nicht ersparen: Auch in der Mitte des Energiefeldes bleibt die äußere Welt dieselbe. Es regnet in Strömen, der Kühlschrank ist defekt, der Zug hat Verspätung, die Zahnarztbehandlung ist schmerzhaft. Das sind lästige Tatsachen, sie gehören zum Leben wie der Wind zum Segeln. Die Widrigkeiten des Alltags bleiben Ihnen erhalten. Aber Sie werden ihnen gelassener begegnen.

Ich habe beide Pole erlebt und gelebt. Aber im Hochmut war ich genauso unzufrieden wie in der Armut. Erst die Erkenntnis, dass ich die Mitte wählen muss, die Demut, hat mich zutiefst erfüllt. Weil sie es mir erlaubt, beide Polaritäten aus einer Distanz zu sehen, statt daran festzukleben. Mit beiden Polaritäten im Blick empfinde ich heute eine tiefe innere Freude am Leben. Ich erfreue mich am Leben einfach nur aufgrund der Tatsache, dass es existiert. Für mich ist es ein Geschenk mit unzählig vielen Schleifen. Der Hochmütige sieht darüber hinweg. Der Armütige grenzt es aus. Nun könnten Sie versucht sein zu denken: „Aha, dann bin ich demütig, und meine Welt ist in Ordnung. Ich fühle mich frei und kräftig und bleibe weit entfernt von einem Burnout, von der Fremdbestimmung und damit bei mir." Das wird nicht funktionieren. Einfach daher gesagt, entfalten die Sätze keine Wirkung. Sie müssen sie leben. Sie müssen sie in Ihre Zellen lassen.

In der Quintessenz bedeutet Demut, zu akzeptieren, dass ich nicht das Universum aus den Angeln heben kann, weil gewisse Gesetze herrschen, denen ich unterworfen bin: Gesetze der Wirtschaft, der Wahrscheinlichkeit, der Gesellschaft oder der Natur. Erst wenn ich das begreife, kann ich im Rahmen der vorgegebenen Möglichkeiten ein Höchstmaß persönlicher Freiheit finden. Ich kann mein volles Potential leben und meinen Platz im Leben einnehmen. Ich bin weder unterdrückt noch übermütig, ich bin nicht abhängig davon, was andere über mich denken, ich bin im Einklang mit mir selbst, im Einklang mit meiner Seele.

Lob der Gegensätzlichkeit

Er legte nach dem Spielen der Lieder

die Gitarre behutsam nieder.

Er gönnte ihr noch einen letzten Blick,

dann blieb das Instrument allein zurück.

Da begann der Schallkörper auf einmal zu beben,

obwohl nur aus Holz, so schien er doch zu leben.

Man konnte richtig seh'n, wie er sich bewegte,

wie er sich verformte, änderte und sich regte.

Er sprach. Seine Stimme hörte man deutlich und klar.

„Ich bin das Wichtigste, gestern, heute und immerdar."

Und er begann auf sich selbst ein Loblied zu singen.

Die Saiten, meinte er, seien das Unwesentlichste
    von allen Dingen.

„Ich bin es, der die Töne macht und verstärkt.

Ihr braucht mich, ich hoffe, ihr habt das gemerkt.

Und auf meinem langen Hals, da sieht man,

welchen Ton man euch entlocken kann.

Am oberen Ende an der Schnecke, da dreht man gar,

damit ihr sauber klingt und wunderbar.

Ohne Schallkörper, sei er auch noch so klein,

seid ihr nur lange dünne Drähte, wie ich mein.

Jaja was wäret ihr denn bloß ohne mich?"

Es ist klar, mit diesen Worten lobte er nur sich.

Aber da bewegten sich die Saiten sacht und leise:

„Ohne uns gäbest du nicht einmal von dir die einfachste
Weise."

Dieses Gedicht schrieb ich mit 14 Jahren. Scheinbar bewog mich, wie einseitig Menschen urteilen und sich dabei selbst beschränken. Schon als Jugendlicher erkannte ich: Eine gegenseitige Anerkennung führt zur Chancen-Fülle. Erst ein Zusammenspiel der Töne formt eine Melodie.

Wie schön wäre es, wenn wir mehr Demut für die Leistung der anderen empfänden, wenn wir aus der Mitte aller Möglichkeiten schöpften: Es gibt nicht nur ein Ich oder ein Du, nicht nur Hell oder Dunkel, Glauben oder Wissen. Das Leben hat ein kunterbuntes Schimmern.

Von Kindesbeinen an lernen wir, in Polaritäten zu denken. „Gib der Tante das gute Händchen", hat meine Generation noch gehört und dabei ganz nebenher gelernt, dass es eine „gute" rechte Hand und eine „schlechte" linke Hand gibt.

Doch was ist an der einen Hand gut und an der anderen schlecht? Was kann eine Hand alleine bewerkstelligen? Nur die Hälfte des Ganzen.

Ich hoffe, diese dummen Erziehungssätze sind mittlerweile in eine Schublade mit Vorhängeschloss gestopft worden und Kinder dürfen sich über beide Hände freuen. Das wäre übrigens gehirngerecht. Denn jede Bewegung triggert eine Seite der grauen Masse, und es wäre nahezu nachlässig, wenn wir dort nur eine Seite trainierten und die andere aus Anstandsgebaren verkümmern ließen.

Mir scheint, dass besonders die westlichen Gesellschaften ihr Denken in Gut und Schlecht einteilen. Klare Raster. Die bieten Halt. Keine Differenzierungen. Die kosten Zeit. Der Gitarrenkörper ist gut. Auf den Rest können wir verzichten. Alle Lehrer sind faul, alle Politiker auch. Alle Deutschen essen Eisbein mit Sauerkraut. Die Bayern tragen Lederhosen, und die Franzosen sind charmant. Jungen dürfen nicht weinen, und Mädchen lieben rosa Wandfarbe. So nähren Menschen ihre Vorurteile, geben sture Einsichten weiter von Generation zu Generation. Uns kommen diese Sätze leicht über die Lippen: Auf sieben fette Jahre folgen sieben magere Jahre. Der Frühling ist gut, weil die Natur erblüht. Der Herbst ist schlecht, weil die Blätter wieder von den Bäumen fallen. Wenn es mir gut geht, muss es mir danach wieder schlecht gehen. Menschen bewerten, beurteilen, verurteilen – und damit landen sie in der Vorurteilsfalle. Dann knallt die Denk-Klappe zu früh nach unten. Nur nichts ändern, Sie kennen mittlerweile die Sprüche Ihres Ego. Was bleibt, ist das krampfhafte Festhalten an Althergebrachtem. Was verlorengeht, ist das Einlassen auf die Wechselspiele im Leben.

Sie haben es längst bemerkt: Diese Sätze generalisieren die Welt und können nie zu einhundert Prozent richtig sein. Sie dienen nur der Absicht, sich selbst zu erhöhen: Damit ich recht habe, muss der andere unrecht haben. Menschen, die derart polarisieren, ziehen ihr Realitätsdreieck klein. Die müssen kämpfen auf kleinstem Raum, um ihre eigene Wahrheit und damit ihre inneren Bilder aufrechtzuerhalten. Nur keinen Fehler machen, so lautet die Devise. Wer derart denkt, der ist am Ende unbeweglich. Und doch müssen wir die Dualität aushalten. Denn sie ist existent. Kaum jemand drückte dieses Dilemma klüger aus als Thomas Mann in seinem Roman: „Joseph und seine Brüder".[26] Er schreibt: „Bedenke aber, dass alles zu zweien in der Welt ist, Stück und Gegenstück, damit man es unterscheide und wenn neben dem einen das andere nicht wäre, so wären sie beide nicht. Und käme die Dummheit abhanden, wer wollte von Klugheit reden?" Um sich selbst zu verwirklichen, ist es wichtig, die Dualität im Blick zu halten und sich dazwischen völlig Ego-unabhängig einzurichten.

Wer sie ignoriert, der träumt von einer Welt, die es nicht gibt, denn das Leben ist ein Wechselspiel. Wer das versteht, der kann geschmeidiger mit den Entwicklungen umgehen, weil er weiß: Nichts hat Bestand, alles kann sich ändern, wenn Sie das wollen. Wichtig ist nur, dass Sie Ihr Realitätsdreieck groß halten, dass Sie sich nicht an Plattitüden klammern. Viel verlangt? Nein, das finde ich nicht. Treten Sie heraus aus der Enge der verstaubten Sätze und definieren Sie diese so lange neu, bis sie zu Ihnen passen: Die sieben mageren Jahre sind nur für die wirklich schlecht, die nicht vorgesorgt haben. Für andere, die weitsichtig waren, bedeuteten sie eine Zeit des Innehaltens, Nachdenkens und vielleicht sogar des Verschiebens von Schwerpunkten im Leben.

Nach der Finanzkrise im Jahre 2008 gab es zahlreiche Firmen, die jammerten. Die waren überfordert, weil die Wachstumskurve plötzlich nicht mehr linear verlief, sondern einkrachte. Viele landeten in der Pleite. Aber es gab auch Firmen, die diese Krise nutzten, um sich zu erneuern. Sie trauten sich Modernisierungen zu, die sie sonst nicht umgesetzt hätten. Und nun stehen sie besser, moderner, wettbewerbsfähiger da als vorher. Wie kann das sein? Nun, diese Unternehmer haben sich nicht an alte Muster geklammert. Sie sind in die Mitte getreten, haben ihren Blick für die Chancen geweitet. Sie haben eine demütige Haltung angenommen, indem sie sich sagten: Ich kann die Krise nicht ändern, aber mich neu, anders, sinnvoll positionieren. Diese Unternehmer sind für mich die wahren Gewinner-Typen. Viele große Vermögen wurden gerade in Krisenzeiten gemacht, wer weitsichtig war, der war im Vorteil.

In meinem Buch „Millionaire Spirit" gebe ich eine Beobachtung aus meiner Zeit als Finanzberater wieder. Ich teilte meine Kunden in Minus-, Null- und Plus-Typen ein, weil ich feststellte, dass zum Beispiel Klienten immer wieder im Vermögens-Minus landeten. Auch mit der besten Kapitalanlage organisierten sie sich unbewusst ins Minus. Die Null-Typen hingegen pendelten sich auf der Null-Linie ein, und die Haben-Typen blieben auf der Habenseite, selbst wenn sie nach einer schlechten Kapitalanlage einen finanziellen Rückschlag erlitten. Ich lernte, wie Glaubenssätze Menschen zwingen, ihrem Selbstbild gerecht werden zu müssen.

Das erinnert mich an eine alte Bauerngeschichte:

Irgendwo zwischen Nordpol und Südpol weit hinter den Bergen liegt ein Dorf. Umgeben von saftigen Feldern, fernab der Städte. Dort lebte eine Handvoll Bauern, unter ihnen einer, der ein Pferd besaß. Damit war er der reichste Mann im Ort, und die Dorfbewohner neideten: „Du hast es gut. Du hast ein Pferd. Für dich ist es leicht, zu pflügen, zu ernten, zu transportieren." Eines Tages floh das Pferd in die Berge. Alle bedauerten den Bauern nun: „Oh dein ganzer Reichtum ist hin, nun hast du es nicht mehr leicht. Welch ein Unglück." Der Bauer antwortete nur: „Vielleicht." Drei Tage später kam das Pferd zurück und hatte drei Wildpferde im Gefolge. Jetzt überschlugen sich die Dorfbewohner und meinten, der Bauer sei der größte Glückspilz auf Erden. Sein Reichtum sei nun größer als je zuvor. Der Bauer zuckte mit den Schultern: „Vielleicht." Bald darauf wollte der Sohn des Bauern eines der Wildpferde zureiten, stürzte schwer und brach sich ein Bein. Der Chor der Dorfbewohner stimmte ein Klagelied an: „Was für ein Unglück, dein einziger Sohn mit solch schlimmer Verletzung. Wird er je wieder laufen können? Wie willst du allein dein Feld bestellen? Wird er je deinen Hof übernehmen können? Was für ein Unglück!" Und der Bauer sagte: „Vielleicht." Zwei Wochen später entschied der Kaiser, Krieg zu führen. Die jungen Männer im Land sollten zu Soldaten werden. Und so kamen die Gesandten auch in dieses Dorf und nahmen die gesunden jungen Männer mit. Nur den einen, den mit dem gebrochenen Bein, ließen sie zurück. Und so riefen alle Dorfbewohner dem Bauern zu: „Welch ein Glück für dich. Wir haben unsere Söhne dem Kaiser geben müssen, nur du darfst deinen behalten. Was für ein Glück!" Und der Bauer sagte: „Vielleicht."

Der Bauer lehrt uns ein wichtiges universelles Gesetz: das Gesetz des Nicht-Widerstandes. Egal was passiert, wir gehen nicht in die Ver-Urteilung, nicht in den Kampf. Es ist, was es ist, sagt die Liebe. Wenn wir nicht annehmen, dann lieben wir nicht. Wir gehen aus unserer Kraft und kämpfen – oft gegen eine Fiktion. Byron Katie, eine Frau, die lange in Depression und schmerzvollen Umständen lebte, hatte plötzlich diese Erkenntnis, den fokussierten Schmerz loszulassen. Dadurch konnte sie ihr Leben drehen. Sie nennt diese Methode „The Work" und hat vielen Tausenden Menschen bereits geholfen, aus dem Zustand der Einseitigkeit, des Kampfes herauszukommen. Der Kern ihrer Methode ist das Fragen. Kurz und knapp zusammengefasst, fragt sie nur: „Hast du einen Beweis dafür? Kannst du sicher sein, dass das zu hundert Prozent stimmt, was du gerade glaubst?"

Auch der Bauer unterließ es, das Schicksal hochzurechnen. Die Dorfbewohner dachten linear – und lagen falsch mit ihren Entwürfen.

Fragen auch Sie sich: „Woran glaube ich gerade? Wer wäre ich? Wie würde ich handeln ohne diese Annahme?"

Das Nichts in der Kristallkugel

Wer kann die Zukunft in einer Kristallkugel sehen? Niemand. Und doch suchen Menschen sogenannte Hellseher auf, um einen Halt im Äußeren zu finden. Sie wollen die Garantie, dass das Leben gut läuft für sie. Die aber gibt es nicht. Die Wahrheit auf die Frage, ob alles gut wird, lautet: Vielleicht. Es gibt keine Kristallkugel und keine Algorithmen, anhand deren Sie Ihr Glück vorherbestimmen können. Was Sie jedoch mit Ihrer Kraft und Ihrer Zuversicht beeinflussen können, ist der Moment. Das Jetzt. Diese eine Sekunde, in der Sie Ihre Wimpern heben und senken. Darauf können Sie Ihre Kraft legen und das Beste aus dieser kleinen Einheit machen. Wie? Indem Sie sich nicht in Zukunftsphantasien verlieren, sondern aus Ihrer Mitte heraus wahrnehmen, was ist. Auch das ist Demut. Das ist Innehalten, Loslassen, Annehmen. Denn Ihre Zukunft beginnt jetzt, in dieser Sekunde.

Leider missachten zahlreiche Menschen diese Tatsache und rasen einem Glück hinterher, das sie irgendwann hoffen einzuholen. Dabei übersehen sie eine Haltbarkeit auf dem Etikett, denn das Glück überlebt nur drei Sekunden. Länger kann das kleine Zentrum in unserem Gehirn nicht blinken. Es ist auf Dauerbetrieb nicht angelegt. Wohl aber auf einen Zustand der Zufriedenheit. Nach diesem lechzt unser Organismus. Das ist naturgegeben. Wenn es Ihnen gelingt, ein gewisses Gleichmaß in Ihren Alltag zu bringen, dann finden Sie diese Zufriedenheit. Wie das funktioniert? Indem Sie Demut empfinden, sich selbst und anderen gegenüber.

Gibt es einen Menschen, den Sie partout nicht leiden können? Dann listen Sie die schlechten Eigenschaften dieses

Menschen auf. Schreiben Sie auf ein Blatt, was Sie nervt. Mindestens 20 Spalten sollte diese Tabelle lang sein. Schönen Sie nichts. Schreiben Sie sich von der Seele, was Sie ärgert und stört. Und dann lesen Sie sich diese Liste der schlechten Eigenschaften noch einmal genau durch und fragen Sie sich: „Wann bin ich genauso? Passt diese Liste der Eigenschaften auch zu mir?" Sie werden überrascht sein, dass Sie sich an der einen oder anderen Stelle wiedererkennen! Auch das ist Demut, weil Sie fähig sind, Ihrem Denkspektrum Weite zu geben und nicht zu kategorisieren. Sie schalten den Verstand aus, der nur nach Argumenten sucht, um seine eigenen Muster und Glaubenssätze zu erklären. Sie lassen eine Neutralität zu, jenseits von aufgeladenen Emotionen. Erst in der Demut ist vorurteilsfreies Denken möglich, kann ein freier Wille Konturen annehmen. Erst in Demut können Sie ein selbstbestimmtes, freies Leben führen.

Blicken Sie einmal zurück: Wann gelang es Ihnen, die richtigen Entscheidungen zu fällen? Nach der Logik der Dualität haben Sie das Für und Wider abgewogen, haben die Argumente von verschiedenen Seiten betrachtet, die eventuellen Konsequenzen erahnt. Sie haben vielleicht eine Entscheidungsmatrix genutzt und viele Kriterien abgewogen. So lange, bis am Ende das für Sie beste Ergebnis übrig blieb. Abzuwägen und dann im Einklang von Vernunft und Gefühl zu entscheiden, das ist eine großartige Leistung. (Unter **https://www.lieber-die-ganze-welt-gegen-mich-als-meine-seele.de.** Mit dem für Sie reservierten Codewort – Demut – können Sie den Vordruck Entscheidungsmatrix und mehr gratis downloaden).

Der Demütige hält die Dualität nicht nur aus, sondern begreift auch deren Notwendigkeit. Das predigte der große chinesische Philosoph Laotse bereits 600 Jahre vor Christi Geburt: „Sein und Nichtsein erzeugen einander. Schwer und leicht vollenden einander. Lang und kurz gestalten einander. Stimme und Ton vermählen einander. Vorher und nachher folgen einander." Doch dieses Denken ist nicht der östlichen Philosophie vorbehalten. Große Geister der verschiedensten Epochen und Denkrichtungen haben dies schon immer erkannt und in Worte gefasst. „Denken und Sein werden vom Widerspruch bestimmt", lehrt Aristoteles (384–322 v. Chr.). Fast 2500 Jahre später drückt Niels Bohr (1885–1962), Nobelpreisträger für Physik und Entdecker des Atommodells, das genau Gleiche etwas nüchterner aus: „Gegensätze widersprechen sich nicht, sondern ergänzen einander."

Der Demütige erfasst die Widersprüchlichkeit einer Situation voll und ganz, er greift aber nicht unnötig ein, weil er weiß: Wenn ich einen Pol auswähle, kann alles aus der Balance geraten. Deshalb ist es manchmal besser, nicht einzugreifen, sondern innezuhalten. Das ist nicht gleichzusetzen mit Untätigkeit oder Passivität. Geschehen lassen kann eine durchaus aktive Angelegenheit sein. Ich sehe zu, wie sich die Dinge entwickeln, und bin mir bewusst: Würde ich aktiv, würde sich die Situation anders entwickeln. Ich lasse – ohne dass mein Ego in Aktion tritt – die Freiheit zu, alles auf mich zukommen zu lassen. Ich kann es annehmen, betrachten und daraus das Beste machen. Dann wird die Kristallkugel sowieso obsolet, denn der Demütige gibt seine Verantwortung für sich und andere niemals ab. Er fragt sich stets: „Was habe ich zur Situation beigetragen?"

Wer bereit ist, auch einmal durch die Brille des anderen auf ein Problem zu sehen, der gewinnt an Tiefe im Denken und an der Fähigkeit, Liebe entstehen zu lassen. Oder sich liebevoll zu verabschieden. Zurück im Groll blickt nur ein Mensch, dessen Ego verletzt worden ist und der dort emotional hängenbleibt.

Gelassenheit

Wir werden damit leben müssen, dass die Zukunft weiter Fragen aufwirft. Zweifel, Unsicherheiten, Unwägbarkeiten lassen sich nie vollends ausschalten. Niemand kann ein Rundum-sorglos-Paket fürs Leben abschließen. Es bleibt immer eine Frage offen, egal wie rasant sich das Wissen in diesem digitalen Zeitalter sammelt.

Es gibt unendlich viele Dinge und Ereignisse auf der Welt, die wir nicht nachvollziehbar finden, die wir nicht verstehen oder die unser Vorstellungsvermögen einfach noch übersteigen. Wie soll ich mir ein Multiversum vorstellen, wo es schon schier unmöglich ist, sich unsere gigantische Galaxis vorzustellen? Oder nehmen wir ein schwarzes Loch, ein riesengroßes Objekt im Weltall mit einer nahezu unendlich starken Gravitation, die bewirkt, dass nicht der kleinsten Lichtstrahl aus dem schwarzen Loch herauskommt, weshalb es unsichtbar ist. Alles, was in seinen Einzugsbereich kommt, saugt diese Mega-Unsichtbarkeit ein, ein regelrechter Weltenstaubsauger. Kometen, Sterne, Spiralnebel – alles verschwindet im Nichts. Welcher Mensch soll das verstehen? Diese Vorstellung übersteigt gar die Horizonte der Astrophysiker. Ein ehemaliger Präsident der Universität Sorbonne flüsterte mir unlängst ins Ohr: „In der Physik sind wir an einem Punkt angekommen, an dem wir nicht weiterdenken können. Wir werden sonst verrückt." Ein wunderbarer Satz: Lassen Sie einfach los, wenn Sie Entwicklungen nicht verstehen.

Der Demütige akzeptiert das Nicht-Verstehbare. Er erkennt an, dass er in der Entspannung Kraft schöpft. Aus dem Sport wissen wir: In der Entspannung wächst der Muskel. Aus der Gehirnforschung wissen wir, dass sich in der Entspannung neue Synapsen bilden. Zudem erkennt er an, dass es etwas Höheres gibt, ob es nun Gott, Macht, Energie oder Bewusstsein genannt wird. Dabei ist es unerheblich, ob unsere Existenz reiner Zufall ist oder einem Naturgesetz folgt. Wenn wir das Höhere oder Gott als Energie auffassen, dann ist Gott überall, er stirbt nie, denn Energie geht nie verloren, sie transformiert sich nur. Welch einen beruhigenden Gleichklang dieses Gefühl erzeugt.

Mit dem Bewusstsein, dass Wut und Zorn zur Gefühlswelt zählen, können Sie doch ständig üben, damit umzugehen. Denn Sie wissen nun um die Vorteile der Dualität. Der Demütige akzeptiert seine innere Auseinandersetzung. Er weiß: Gott hat ihm Möglichkeit gegeben, Widersprüchlichkeit auszuhalten. Stärke kommt immer von innen.

Nicht mehr, als du brauchst

Fragen Sie Menschen nach ihrer Skala für Glück, so steht die materielle Sicherheit weit oben. Die meisten sagen, einmal reich zu sein, sei das Ziel ihrer Träume. Einmal im Geld zu schwimmen, die Kreditkarte glühen zu lassen, ohne Sorgen um den Kontostand, das sei erstrebenswert. Für mich ist heute dieser Punkt auf der Glücks-Skala erstens weit unten und zweites nur matt gezeichnet. Seit ich weiß, wie leicht man durchs Leben geht ohne die Anhäufung von Produkten, geht es mir gut, bin ich glücklich. Denn diese Kleidung, Möbel, Autos, diese Accessoires und Luxusgüter sind nichts weiter als Platzhalter. Die blähen den Rucksack durchs Leben unnötig auf.

Produkte fressen auch Zeit und Energie. Deren Auswahl, Wartung, Pflege sowie Verhandlungen über Konditionen hält Sie vom Wesentlichen ab: vom Fokussieren auf die Frage, was Sie wirklich, wirklich wollen. Es sei denn, Sie sehen den Sinn Ihres Daseins im Schleppen von Gegenständen, dann wären Sie in der Tat ein Glückspilz mit diesem Gepäck auf den Schultern. Aber aus Erfahrung weiß ich, das Schleppen macht desto müder, je weiter Sie gehen, je älter Sie werden. Dann stellen Sie sich die Frage, wer oder was besitzt wen. Es verschleißt die Knochen und letztendlich die Seele.

Ich erinnere mich noch gut daran, als ich von Hamburg nach Gibraltar zog – und mich so frei fühlte, dass ich die ganze Welt hätte umarmen können. Ich hatte zuvor Last abgeworfen, hatte alles verkauft, lediglich ein paar Kleidungs- und Erinnerungsstücke trug ich mit mir – und die Kreditkarte. Ich nutzte sie selten, fast vergessen in der Jackentasche.

Kaum angekommen, mietete ich das möblierte Apartment eines Freundes, hatte kaum Kosten und Verantwortung. Zum ersten Mal empfand ich diesen puren Zustand von Leichtigkeit und Zufriedenheit. Beides strahlte aus mir selbst. Völlig losgelöst von irgendwelchen Konventionen durfte ich erfahren: Glück kennt keine Bedingungen. Die kausalen Verstrickungen aus den bekannten Sätzen wie „Wenn ich mir dieses Auto leisten kann, dann habe ich es geschafft", „Wenn die Umsätze um 20 Prozent steigen, dann bin ich zufrieden", die waren auf der Halbinsel nicht mehr präsent in meinen grauen Zellen. Ein ungewohntes Gefühl, das mich zunächst irritierte. Hatte ich doch diese Art der Freiheit und der Unabhängigkeit niemals zuvor kennengelernt. Es war gerade so, als verstummte ein Daueralarm und man wartete auf den erneuten Einsatz der Stresstöne, weil man nicht glauben kann: Es herrscht Ruhe. Plötzlich blieb der Briefkasten leer. Seltsam. Versicherungen, Banken, Hauseigentümergemeinschaften, Finanzamt, Autowerkstatt, Geschäftspartner, sie schrieben nicht. Aus alter Gewohnheit sah ich jeden Morgen in die Postbox, bis ich realisierte: Da kommt nichts mehr. Kein Behördenkram, keine Bankeneinladungen, keine Mahnbriefe, keine Angebote. Nichts. Nur eine einzige Postkarte meines Vaters lag nach drei Wochen im Fach: „Mein Junge, ich hoffe, es geht dir gut." „Ja, Vater, mir geht es verdammt gut."

Heute weiß ich, damals in Gibraltar verlebte ich die bisher schönste Zeit meines Lebens. Ich dachte oft an Manfred, den Aussteiger aus Miami. Seine Frage auf dem Boot hatte gelautet: „Wie viel kostet es dich, arbeiten zu gehen?" Damals hatte ich Zahlen addiert, um die Antwort zu finden. Heute blicke ich über die Zahlenkolonnen weit hinaus, erkenne die Philosophie, die hinter dieser Frage steht. Stellte er sie mir heute noch einmal, ich würde antworten: „Manfred, es kostet mich das Kostbarste, das ich mit mir trage: meine Lebenszeit." Auf Gibraltar rundete sich die Begegnung zwischen Manfred und mir zu einer Geschichte mit einem Happy End. Denn ich erkannte: Der Demütige trägt alles, was er braucht, in sich.

Der Demütige muss nicht im Außen Schätze sammeln. Wie die Pflanze nimmt er das Lebensnotwendige aus dem Wind, dem Wasser, dem Boden, der Luft, der Sonne. Der Demütige häuft nichts an, lässt nichts verderben. Viel zu groß ist sein Respekt vor der Natur und vor dem Leben. Allerdings lehnt er ein Gottesgeschenk auch nicht ab, nur weil es Wohlstand bedeutet.

Der Demütige ist kein asketischer Hardliner und kein Gebückter. Er ist sich ganz einfach nur bewusst, welche intrinsische Kraft er besitzt, und entscheidet sehr genau, wofür er diese einsetzen will – nämlich für seine Vision, die dem Purpose entspricht. Und damit folgt er sich selbst und nicht den anderen. Jeder wählt seinen eigenen Weg, um glücklich zu sein. Ob dieser Weg gelingt, ist von unterschiedlichen Faktoren abhängig, nicht aber vom Geld. Denn: Geld macht nicht glücklich. Das beweist der Harvard-Glücksforscher Professor George E. Vaillant in seiner Grant-Langzeitstudie, die er seit 1967 betreut. 1938 wurden hierfür 268 Männer eingeladen, die die Erlaubnis zur lebenslangen Begleitung gaben, Wünsche, Absichten und Fakten zu präsentieren. Frauen waren damals an der Universität nicht zugelassen, was der Professor nach wie vor bedauert. Also untersuchte er ausschließlich Männer auf organische Gesundheit oder Leiden, begleitet sie seither mit Interviews und Analysen. Unter den Teilnehmern gab es Menschen, die die Welt verändern sollten – so wie John F. Kennedy. Und es gab Männer, die im Laufe ihres

Lebens einer Alkoholsucht anheimfallen oder durch eine Depression traurig scheitern sollten. Manche von ihnen sind heute tot, andere können noch von den Höhen, Tiefen oder der wertvollen Balance der Gefühle erzählen.

Der Start dieser Studie ist fast ein halbes Jahrhundert her, und noch immer liefern die Probanden Einsichten in das faszinierendste Thema der Welt, in das Glück. „Können Sie die Definition von Glück prägnant in einem Satz formulieren?", wandte sich ein deutscher Journalist an den Professor. Vaillant antwortete: „Glück ist, nicht immer alles gleich und sofort zu wollen, sondern sogar weniger zu wollen. Das heißt, seine Impulse zu kontrollieren und seinen Trieben nicht gleich nachzugeben. Die wahre Glückseligkeit liegt dann in der echten und tiefen Bindung mit anderen Menschen."[27] Man könnte auch sagen, dass diese Antwort die Demut beschreibt.

Auch wenn die Gehirnforscher dieser Welt nicht müde werden zu betonen, dass Glück im Kopf entsteht, so mag diese Studie den Fakten der Wissenschaftler eine Facette hinzufügen: Glück ist ebenso eine Sache des Herzens. Ohne das perfekte Zusammenspiel von Verstand und Gefühl ließe dieser wertvolle Stoff sich nicht festhalten und könnte er die Seele nicht streicheln. Kleine Kinder, deren Seele keine Schicksalsnarben aufweist, tauchen mit Leichtigkeit in ein pures Glücksgefühl ein. Sie können sich völlig losgelöst von innerem Zweifel dem Flow des Seins hingeben. Erwachsene müssen das erst wieder lernen. In diesem Sinne verstehe ich die Aussage Jesu, wenn er rät, wir sollten wieder wie die Kinder werden. Das kann gelingen, wenn Erwachsene immer wieder in die Demut gehen und wenn sie ihre weite Erfahrungswelt nicht ignorieren.

Gehirn und Zellen speichern alles ab, was je mit den Sinnen erfahren wurde. Welch ein Riesenpotential zum Glück. „Das Wunderbare am Gehirn ist, dass es ab zwanzig mit dem Körper bergab geht, das Gehirn jedoch besser wird. Mit fünfzig kann ein Schriftsteller Dinge schreiben, die er als Zwanzigjähriger niemals hätte schreiben können", resümiert Vaillant. Danke, Professor, für diesen Satz! Er möge Menschen Mut machen, bis ins hohe Alter hinein das Leben als Chance zu begreifen statt als Talfahrt ins Nichts. Jede Etappe auf dem Lebensweg zählt. Synapsen bilden sich bis ins hohe Alter, und mit Training werden auch die Muskeln mit 95 Jahren nicht schlaff, wie man an Dr. Charles Eugster sieht. Er startete mit über 90 Jahren eine zweite Karriere als Fitnessguru. Oder wie Gody Naef, der mit 96 Jahren älteste aktive Auto-Rennfahrer der Welt, zeigt. Er traut sich immer noch auf die Überholspur und liebt den Geschwindigkeitsrausch.

Deshalb bitte ich Sie, jeden Tag zu genießen. Atmen Sie ein, nehmen Sie den Moment wahr, atmen Sie aus. Vorbei. Nichts lässt sich festhalten, zu keiner Zeit, aber alles lässt sich bewusst erfahren. Und doch ist es für viele Menschen schwierig, im Hier und Jetzt zu leben. Sie haben es verlernt, irgendwann. Dann versuchen sie, die Momente der Gegenwart in die Zukunft zu schieben, und damit landen sie wieder in der unsäglichen Falle der Kausalität. Sie versprechen sich: Wenn ich den richtigen Partner habe, dann bin glücklich. Wenn ich ein Ferienhaus am Meer habe, dann ruhe ich mich aus. Falsch. Das funktioniert, wie wir erfahren haben, nicht im Beruflichen und nicht im Privaten. Haben Sie schon einmal daran gedacht, dass Ihnen vielleicht das Leben selbst einen dicken roten Strich durch diese Pläne machen kann? Dann schlägt ganz unverhofft die letzte Seite in Ihrem Lebensbuch zu. Dann bleibt keine Zeit mehr, kein Raum, um an der Fortsetzung der Geschichte zu formulieren. Dann folgt das letzte Wort viel zu früh. ENDE.

Meditieren

Um all jenes zu erkennen, was dieses Leben mir an tiefen, berührenden, schönen Augenblicken bietet, meditiere ich. Und ich will Ihnen diese Art des Fokussierens als kurzen Einstieg darlegen. Wenn Sie mehr darüber erfahren möchten, schreiben Sie mir: ws@wolfgangsonnenburg.com

Sie benötigen keine komplizierte Anleitung, keine langjährige Erfahrung. Sie tragen diese Gabe der Konzentration bereits in sich.

Suchen Sie sich einen Ort der Stille. Von der Küche bis zum Wohnzimmer, vom Garten bis zum Park eignet sich jeder Platz, der Ihnen gefällt. Setzen Sie sich mit aufrechtem Rücken hin und tun Sie nichts anderes, als auf ihren Atem zu achten. Fühlen Sie, wie dieser Atem kühl durch die Nasenflügel strömt, sich im Körper ausweitet und ganz natürlich als warmer Atem wieder hinaustritt. Atmen Sie bewusst. Gedanken kommen, Gedanken gehen, lassen Sie los, lassen Sie sie ziehen wie Wolken am Himmel. Nichts bleibt, alles kommt und geht. Nehmen Sie jeden Gedanken wahr, bewerten Sie ihn nicht. Atmen Sie einfach weiter, durch die Nase in den Brustraum, ins Herz, in den Bauch, in den Kopf und wieder aus. Keine Zweifel. Keine Sorge. Nur den Atem beobachten. Einfach nur atmen. Was schwer ist, löst sich auf. Was leicht ist, schwebt davon. Atmen Sie weiter. Immer weiter. Atmen schafft Raum.

Fünf Minuten reichen aus, um zu sich und zur Ruhe zu kommen. Der Sinn liegt im Loslassen und damit in der wunderbaren Möglichkeit, sich seinen Lebensthemen bewusst zu nähern. Erst durch diese Selbstbeobachtung öffnen wir wieder unsere Entscheidungsräume und werden wir wieder fähig, unser wahres Ich, unsere Seele zu spüren. Meditation ist der sicherste Weg zurück zum eigenen Ich, zur Selbstliebe. Von dem Lebensberater John Demartini stammt der Spruch: „Whatever you've done or not done, you are worthy of love."

(deutsch: „Was immer du getan oder nicht getan hast, du bist es wert, geliebt zu werden.") Erinnern Sie sich? Das könnte der Intentionssatz Ihrer Meditation sein.

Meditation ist Bestandteil meines Purpose-Findings, und oft erkenne ich, wie die Teilnehmer emotional aufgewühlt werden, wenn es Ihnen gelingt, sich gänzlich nach innen zu richten. Sie spüren in dieser Tiefe ihre Grundlage von Liebe und Mitgefühl. Sie decken auf, was durch Selbstzweifel und Fremdbestimmung verschüttet wurde. Es kommt nicht selten vor, dass sie an diesem Punkt weinen. Sie wischen sich die Tränen ab und flüstern: „Ich bin meinem Glück begegnet." Damit beginnt die Freiheit. Die Suche hat ein Ende. Wie gut, wenn es Ihnen gelingt, durch tägliches Innenhalten Ihrem eigenen Glück eine Kontur zu geben. Ich glaube, dieses Eintauchen in die eigene Demut zählt zu den großen Kraftquellen. Schöpfen Sie daraus.

Damit Ihnen das gelingen kann, habe ich für Sie einige Leitgedanken zusammengetragen. Sehen Sie diese als Ideengeber und fügen Sie Ihre Sätze hinzu.

Selbstbestimmung

→ Ich stehe morgens früh auf, um Zeit und Raum für mich zu schaffen.

→ Ich spüre mich mit meinem Atem, meinem Sein, bevor ich in diesen Tag gehe.

Achtsamkeit

→ Ich binde meine Schuhe bewusst zu, bevor ich das Haus verlasse, und denke: Diese Schuhe tragen mich durch den kommenden Tag, sie geben mir einen Halt, ein Auftreten.

→ Ich werde selbstbewusst gehen, stehen, mich aufrichten.

→ Ich bin bereit für diesen Tag mit seinen Herausforderung. Ich freue mich auf das, was kommt.

Leistung steigern

→ Ich durchdenke den Tag: Was wird heute wichtig, entscheidend sein?

→ Wie kann ich mein Bestes geben?

→ Wie kann ich sicher vorwärts gehen und gute Ergebnisse erreichen?

→ Ich achte auf meine Leistungskurve und arbeite entsprechend meinem Naturell.

→ Ich höre auf meinen Körper. Verlangt er nach Ruhe, lasse ich diese zu.

→ Ich setze meine Termine bewusst und im Einklang mit meinem inneren Rhythmus.

Energie

→ Ich ernähre mich bewusst, achte auf Frische und Qualität der Zutaten.

→ Essen bedeutet, eine Pause einzulegen und dem Körper die verbrauchte Energie zurückzugeben. Dazu nehme ich mir Zeit.

→ Ich achte stets auf einen Wechsel aus Anspannung und Entspannung und ebenso auf einen ausreichenden Schlaf.

Bewusstsein

→ Ich gestalte meine Arbeit, meine Wohnung, meine Umgebung nach meinem Geschmack. Ich wähle den Arbeits- und Wohnort entsprechend meinem Naturell aus. Das sind Kraftplätze.

→ Beziehungen sind mir wichtig. Ich betrachte sie als Geschenk, nehme sie dankbar an, gebe mein Bestes, um sie zu bereichern. Aber ich werde mich verabschieden, sobald sie mir nicht guttun.

Fokussierung

→ Neben meiner täglichen Meditation nehme ich mir regelmäßig einen Tag lang Zeit für mich. An diesen Tagen nehme ich intensiv Verbindung zu mir auf, meinem Purpose, meiner Seele und prüfe, ob ich noch auf gutem Kurs bin, konkretisiere meine Ziele oder nehme eine Korrektur vor.

→ Ich weiß, dass ich Ruhepausen brauche. Denn nur im Wechsel aus Anspannung und Entspannung können sich im Gehirn neue Synapsen und im Körper Muskelfasern bilden.

Tägliche Gedankenkontrolle

→ Ich beende meinen Tag in Frieden, begleitet von guter Musik und schönen Gedanken.

→ Ich führe ein Tagebuch, in dem ich Erfolge und Fortschritte freudig eintrage, das ich mit Stolz öffne und zuschlage. Mein Leben ist gut, wie es ist, es entspricht meinem Naturell.

→ Ich bin fähig, über Entwicklungen zu reflektieren, und weiß, dass meine Ordnung im Inneren und Äußeren mir eine wohltuende Stabilität verleiht.

→ Ich bin dankbar.

Quadranten-Modell

Bei allem, was ich tue, achte ich darauf, dass ich mich im oberen rechten Quadranten befinde:

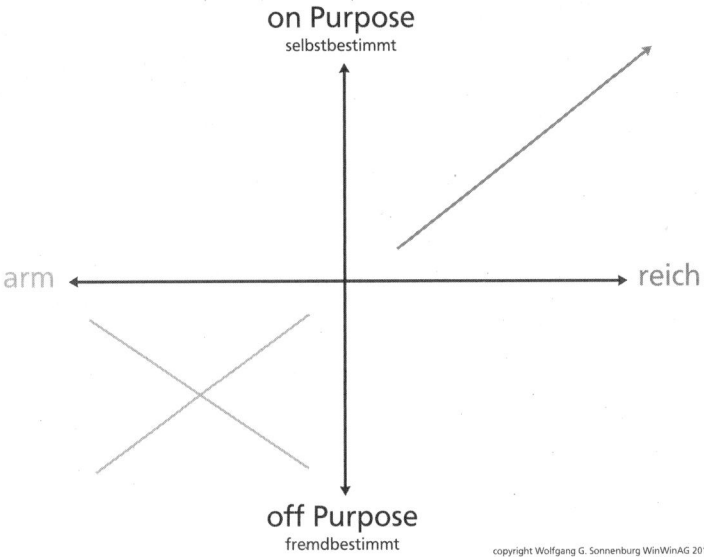

copyright Wolfgang G. Sonnenburg WinWinAG 2015

Ich wünsche Ihnen, dass Sie diese einfachen, wirkungsvollen Sätze in Ihre Zellen sickern lassen, sodass Sie gegen Äußerlichkeiten resistent werden.

Seien Sie gut zu sich.

Keine Angst vor Größe

Sie sind mir über viele Seiten durch dieses Buch gefolgt, haben sich auf meine Gedanken zu dem großen Thema Demut eingelassen. Ich wiederum habe von meinem Weg erzählt, weil ich Ihnen Mut machen will, jeglicher Anhaftung an Hochmut und Armut zu entsagen. Denn ich weiß, welche Kraft die einzelnen Schritte aus der Identifikation in eine Identität erfordern. Es hat mir Freude bereitet, Sie bis hierher zu begleiten. Und bevor wir nun die letzten Schritte auf unserem Weg wandern, will ich mit einem allgemeinen Vorurteil zur Demut aufräumen: Sie haben zwar Ballast abgeworfen. Das ist gut so. Aber Sie werden – das verspreche ich Ihnen – nicht in wirtschaftlicher Bescheidenheit leben müssen. Ganz im Gegenteil. Sie sollen mit dem Umschlagen der letzten Buchseite Ihre Idee von innerem und äußerem Reichtum in sich leuchten sehen. Ich will, dass Sie in einem Feld landen, in dem Sie einen fruchtbaren Boden für Ihr Potential vorfinden. Es liegt oben rechts. Sehen wir genauer hin.

Ich habe Ihnen im vorigen Kapitel das Quadranten-Modell vorgestellt. Dieses Modell visualisiert Ihren erstrebten Standpunkt in einem System mit zwei Koordinaten und vier Feldern. Oben rechts liegen Ihre Chancen. Dort können Sie Ihre Essenz leben und die Demut als ein Geschenk betrachten. Es ist einfach, dorthin zu gelangen, wenn Sie Ihre hinderlichen Glaubenssätze auflösen. Sie werden sich zwischendurch immer wieder den

Schweiß von der Stirn wischen und vielleicht sogar ZWEIfeln, weil Sie zwischen zwei Feldern hin- und herschwanken, dem bisherigen und dem zukünftigen. Halten Sie dennoch durch. Denken Sie an das erfüllende Ziel, das Sie erwartet, flüstern Sie zur Not die Sätze am Ende dieses Kapitels wie ein Mantra. Denn diese Sätze stärken Ihre Seele. Und dann kommen Sie in Aktion. Laufen Sie los. Ich begleite Sie noch ein Stück.

Bevor wir starten, blicken wir noch einmal auf die Purpose-Quadranten: Die horizontale Achse erstreckt sich von arm (links) nach reich (rechts), die vertikale von fremdbestimmt, den Purpose nicht lebend (unten), nach selbstbestimmt, das Wahre Ich lebend (oben). So ergeben sich die vier Felder, die ich die Purpose-Quadranten nenne. Oben befinden sich demnach die beiden selbstbestimmten, auch oft spirituellen Purpose-Felder genannt. Wer sich hier bewegt, schätzt sich glücklich, seinem jeweiligen Purpose gemäß zu leben und zu arbeiten – im linken mit weniger wirtschaftlichem Wohlstand, im rechten mit mehr. Die unteren beiden Felder sind Purpose-feindlich. Links unten liegt die innere und äußere Armut, rechts unten Hochmut und ein Reichtum, der nicht erfüllt. Wo ist Ihre Position? Von wo brechen Sie auf?

Fest steht für mich: Der Sinn des Lebens ist nicht, bescheiden und gebückt in Feld unten links zu hocken. Der Friedensnobelpreisträger Muhammad Yunus betonte in einem Interview, das ich mit ihm führte: „Wir können eine Welt ohne Armut schaffen. Denn es gibt da ein Geschenk, über das jeder Mensch verfügt, nämlich unbegrenztes Potential und grenzenlose Kreativität. Das steckt in jedem von uns, man kann das aus keinem Menschen herauslösen. Wenn die Gesellschaft es mir ermöglicht, mein Geschenk zu entfalten, brauche ich nicht mehr arm zu sein. Weil ich weiß, dass ich über Talent und Kreativität verfüge, kann ich der Armut entfliehen." (2013, Seite 78)[28]

Oder darin, unten rechts im Hamsterrad zu laufen. Der Sinn des Lebens besteht aus meiner Sicht auch nicht darin, oben links in Armut und Spiritualität zu versinken und allen weltlichen Ideen und Gütern zu entsagen. Ihnen ist dieses Leben geschenkt worden, damit Sie es aus der Fülle gestalten. Damit Sie es aus Liebe zu sich und anderen jeden Tag mit beiden Händen packen. Mit Kraft. Mit Zuversicht. Mit einem warmen Gefühl im Herzen, wenn Sie irgendwann einmal am Ende Ihrer Tage zurückblicken. Dann sollten Sie sagen können: „Ich bereue nichts." Kurzum: Ihr Platz ist wie erwähnt oben, oben rechts. Sie verdienen ein Leben im Paradies. Erinnern Sie sich an das erste Kapitel? Das Paradies birgt blühende Gärten, reifes Obst, einen blauen Horizont, so weit Ihr Auge reicht. In dieser Umgebung können Sie Ihr volles Potential in Freude entfalten. Machen wir uns auf, genau dorthin. Gehen wir weiter, biegen wir vor der Erleuchtung rechts ab. Sie können sich – fast – nicht mehr verlaufen.

Immer bergauf

Mein Leben begann im unteren linken Bereich. Arm und fremdbestimmt. Arm, weil ich in einem Haushalt aufwuchs, in dem das Geld nach dem Krieg knapp war, und weil die Möglichkeiten für die Zukunft nur aus einem eingeschränkten Blickfeld stammten. Fremdbestimmt und seelenlos, weil weder meine Eltern noch ich selbst meinen Purpose erkannten. Wir waren nur mit der Überwindung der materiellen Not beschäftigt. Daher war es eine Konsequenz der Umstände, dass mir als jungem Mann der rechte untere Quadrant zum Traumbereich wurde. Über die Linie nach oben konnte ich damals weder sehen noch denken, denn wie gesagt: Das Blickfeld war in diesem Milieu eingeschränkt.

Ich gründete meine Unternehmen, mietete das Bürohaus an der Alster, unterstrich mein Image als erfolgreicher Entrepreneur mit Designermöbeln, einem BWM 850i. Ich wurde zum Kostenmanager und Umsatzsucher. Dort unten rechts konnte ich mir Luxus leisten – nur die Seele verhungerte. Zunächst bemerkte ich diesen Zustand nicht, aber nach der Logik der Psychosomatik reagierte mein Körper mit Kopfschmerzen und hohem Gewicht. Mein Geist versank in einem allgemeinen Unglücklichsein. Diese Symptome lassen sich eine Zeitlang mit Luxus zuschütten, aber seien Sie gewiss: Irgendwann brennen sie wieder an der Oberfläche und schmerzen stärker und stärker. Ich war übrigens sehr gut im Zuschütten: „Endlich da, wo ich immer sein wollte, auf der Luxusseite des Lebens", wiederholte ich stetig, häufte eine weitere Schaufel Trost auf den Brandherd und nahm weiter teil am Rattenrennen. Irgendwann gelang es mir nicht mehr, den inneren Hilferuf zu ignorieren. Meine Mitte war verrutscht.

Der ganze Wahnsinn brach über mir zusammen, und ich suchte – Gott sei Dank – nach einer Lösung, nach einem neuen Weg. In meiner Verzweiflung blickte ich nach oben. Wohin auch sonst? Denn links unten in das Purpose-feindliche und armütige Feld wollte ich keinesfalls. Da kam ich als Kind ja her. Und rechts unten im Purpose-feindlichen Reichtum konnte ich nicht bleiben. Da ging es mir schlecht. Oben aber, das sah ich plötzlich, breiteten sich zwei weitere Felder aus. Ich entdeckte dort die Spiritualität, die mir in meiner damals materiellen Einstellung rettend erschien. „Werde alles los!", „Gib das alles auf!" Das waren nun meine Sätze zur Lösung. Meine Umwelt reagierte entsetzt: „Um Himmels willen, wie kann das sein?" Aber in meinem Kopf klackerte es beständig: „Lieber lebe ich den Rest meines Lebens von Sozialhilfe, als dass ich weiter meine Seele verrate." Ich gab alles auf. „Danke, Partner, Banken, Versicherungen, Behörden, danke, Ihr sogenannten Freunde, für meine Erkenntnisse. Das war's. Lasst das Festhalten und Zerren, das Bitten und Wimmern. Ich bin weg. Zwar zahle ich meine Schulden, aber zurück komme ich nicht mehr, denn ich mache mich auf, auf einen Weg zu mir selbst. Ich mache mich frei von der Gier nach Luxus, von der Fremdbestimmtheit, vom Hochmut." Tatsächlich, ich kam bald schon im neuen Feld meiner Träume an: Fortan saß ich dort, wo die Spiritualität groß, arm und einsam ist: oben links. Ich hatte dennoch nicht das Gefühl, bei mir zu sein. Heute nenne ich diesen Bereich „Bettelmönch". Denn es mag für viele bettelnde Mönche eine gute Aufgabe sein, klein und arm zu sein und einsam zu beten. Doch als Vorbild für die Menschheit? Will Gott, dass wir so leben? Ein Mönch, der Millionen verdient mit seinen Büchern, das Geld des Klosters an der Börse verwaltet und bodenständige Ansichten hat, half mir bei dieser neuen Sinnsuche. Anselm Grün hat mein Realitätsdreieck erweitert. Dieser kluge Mann hat mir den Blick weiter geöffnet. Er hat mit einer Wunderfrage meinen Denkhorizont über den oberen rechten Quadranten gespannt. Selbst ein Mönch darf sich fragen: „Was will ich wirklich, wirklich in meinem Leben erreichen?"

Leuchten

Nur oben rechts ist jener Raum, der Visionen zulässt, der die Menschen ermuntert, auf diesem Planeten Spuren zu hinterlassen. Ich sah plötzlich ein: Es geht nicht darum, dass wir entsagen. Es geht darum, dass wir als spirituelle Wesen lernen, mit der Materie gut umzugehen. Nicht im Sinne von Ausbeutung, sondern in einer nutzwertigen Weise. Nicht allein „Winning in Life", sondern „Winning for Life". Das ist die Aufgabe im Leben eines jeden Einzelnen. Dort angekommen, startete ich mit der Purpose-Arbeit. Ich hatte endlich meinem Platz gefunden, um mein Potential auszuleben.

Auch ein demütiger Mensch darf und soll eine Vision haben. Immer wieder muss ich dabei an den Dalai Lama denken: Seine Vision für die Welt besteht darin, mehr Frieden,

Empathie und Glück unter den Menschen zu verbreiten. Seine aus freiem Willen gewählte Demut hat aber nichts mit Kleinheit zu tun. Der Dalai Lama käme nicht auf den Gedanken, sich im hintersten Winkel einer spartanischen Höhle zu verkriechen. Denn er hat eine Vision, die er in die Welt strahlt: Er will durch den gewaltfreien Dialog die kulturelle, religiöse und sprachliche Autonomie seines Volkes zurückerobern. Und ebenso denke ich an Ausnahmeunternehmer wie eben Richard Branson und Warren Buffett, die mit ihren Strategien reich werden und uns inspirieren, aufzubrechen in blaue Ozeane, dorthin, wo es noch Sauerstoff auf den Märkten gibt. Ich denke ebenso an Frauen wie Sabine Werth, die die Berliner Tafel für Bedürftige ins Leben rief. Ein Vorzeigemodell, das deutschlandweit Nachahmer findet. An Frauen wie Joana Zimmer, die Millionen mit ihrer Stimme verzaubert und mit den Augen nicht sehen kann. Sie alle finden ihren Platz in diesem oberen rechten Feld des Purpose-Quadranten. Sie schaffen Großartiges, ohne materiellen Bruch zu erleiden. Sie haben eine Vision. Was ist Ihre Vision? Haben Sie keine Angst vor der eigenen Größe!

„Unsere größte Angst" heißt ein wunderbares Gedicht von Marianne Williamson, das Nelson Mandela 1994 in seiner Antrittsrede als Präsident Südafrikas zitierte:

„Unser Licht, nicht unsere Dunkelheit, ängstigt uns am meisten.

Wir fragen uns: Wer bin ich denn, dass ich so brillant sein soll?"

Die Verse zeigen, dass wir uns davor fürchten, weit über uns hinauszuwachsen. Lieber halten wir uns klein – nicht zuletzt, um andere Menschen um uns herum nicht zu verunsichern.

Das Gedicht endet mit einer wunderbaren Erkenntnis. Wenn wir groß werden, dann können wir das Wachsen auch bei anderen Menschen zulassen. Sie dürfen ebenfalls ihr Licht scheinen lassen, weil wir selbst leuchten. Neid wird uns fremd. Denn aus einer Demut heraus wissen wir, dass jeder Mensch dazu bestimmt ist, zu leuchten! Mit meinen Worten heißt diese Einsicht: Lebe deinen Purpose. Damit endlich erlischt die Angst, die eigene Seele zu verkaufen. Die innere Gewissheit darf sich ausbreiten, genau das zu tun, was spirituellen und materiellen Reichtum verbindet.

Eine Formel zum Glück

Spiritueller Reichtum und materieller Wohlstand bedingen einander in dem oberen rechten Feld meines Quadranten-Modells. Sie sind gar eine Formel zum Glück. Darum sehen wir bei vielen spirituellen Führern auch materiellen Wohlstand. Einen Rolls-Royce, ein schönes Haus, eine Ferienwohnung am Meer, ein Diamantentring und eine goldene Uhr, wenn es gefällt. Deepak Chopra, Mediziner mit ganzheitlichem Ansatz und Autor von mehr als 50 spirituellen Büchern, ist durchaus dem Luxus zugeneigt. Ich traf ihn in seinem Haus in Kalifornien nach einem Vortrag und fragte ihn: „Wie vereinbarst du diesen Luxus mit deiner Weisheit?" Seine Antwort war knapp und nachhaltig: „Enjoy everything, but don't be attached. I will be happy anyway, if it is not there. But if it is there, enjoy it, it makes life more comfortable." (deutsch: „Genieße alles, aber halte nichts fest. Ich bin auch ohne den Luxus glücklich. Aber wenn er da ist, genieße ihn, er macht das Leben angenehmer.") Und einer meiner Mentoren, der bereits mehrfach erwähnte Bob Proctor, gibt folgenden Rat: „Geld hat nicht die Aufgabe, dich glücklich zu machen, es ist nur da, damit du dein Leben komfortabler gestalten kannst. Es gibt dir die Möglichkeit, deinen Purpose noch besser in die Welt zu bringen. Genieße das Geld und arbeite damit." Und ein väterlicher Freund schenkte mir das Aha-Erlebnis, als er sagte: „Man baut drei

Mal in seinem Leben – das erste Mal für seine Feinde, das zweite Mal für seine Freunde, das dritte Mal für sich selbst."

Ich habe noch weitere Männer und Frauen weltweit um Rat ersucht, und die Substanz ihrer Worte war immer gleich. Mein Dreiklang aller Antworten lautet:

1. Discover your purpose.

2. Define your vision.

3. Make a hell lot of money.

Übersetzt ins Deutsche klingt es wie folgt:

1. Entdecke deinen Purpose.

2. Definiere deine Vision.

3. Agiere profitabel.

Vielleicht fühlt sich dieser Aufruf zur Größe für Sie noch ein wenig fremd an. Dann war Bescheidenheit mit Verzicht gleichgesetzt. Oder Ihre Ziele waren fremdbestimmt. Oder Ihre Wünsche wurden nie gehört. Und mit der Zeit haben Sie verlernt, in sich hineinzuhorchen und Ihr Ding zu machen. Decken Sie Ihre Essenz wieder auf. Bleiben Sie dran. Genau das meine ich mit einem harten, steinigen Weg zurück zu sich selbst. Es finden in Geist und Körper immense Veränderungsprozesse statt, wenn Sie Ihre Perspektive nun auf Reichtum stellen. Es wird Ihnen umso besser gelingen, je eher Sie sich einen Satz zum Festhalten überlegen. Sie brauchen diesen Anker aus Worten, um sich zu motivieren und weiter auf Ihrem Weg zu marschieren. Der Meister des Ursprungsyogas Kundalini, Yogi Bahjan, hat solche Sätze gefunden – und viele Anhänger auch in der westlichen Welt inspiriert:

- „Entschuldige dich nicht für dein Verlangen, reich zu sein; es ist ein göttliches Verlangen, dem ein göttlicher Ausdruck verliehen werden sollte.".

- „Du solltest reich sein; du hast kein Recht, arm zu sein."

- „Dein Angebot entspricht deiner Nachfrage. Es gibt keinen Mangel an Angeboten, nur einen Mangel an Nachfrage."

- „Niemand kann dich beschränken. Wenn du dich beschränken willst, kannst du es tun. Ansonsten stehen dir alle Ressourcen der Welt zur Nutzung zur Verfügung."

- „Visualisiere soweit du dir vorstellen kannst, wie du empfängst, und erhebe dann einen positiven Anspruch auf diese Visualisierung."

- „Erfolg liebt eine Wohlstandshaltung."

- „Ein Gedanke über Reichtum ist machtvoller als tausend Gedanken über Misserfolg."

- „Ein Misserfolg ist nur ein Schritt auf dem Weg zu deinem Erfolg."

- „Triff eine kluge Wahl, beharre auf deinem Erfolg und nicht auf deinen Misserfolgen."

- „Dankbarkeit öffnet die Tür zum Überfluss."

- „Denke nur wohlstandsorientiert und in großen Maßstäben."

(Übersetzung aus dem Englischen aus „Renew to be New", April 1989)

Im Licht

„Guten Tag, meine Damen und Herren, ich begrüße Sie zu den Nachrichten am heutigen Tag, dem 7. Mai. Rund um den Erdball haben sich die Menschen an diesem Tag auf ihr Potential besonnen. Sie sind gemeinsam in ihre Kraft gegangen. Sie haben sich auf das fokussiert, was ihnen wichtig ist, und diese Energie um die Erde gesendet. Wir haben versucht, die schönen Gedanken der Menschen an ein erfülltes Leben in Bilder zu fassen. Was dabei entstanden ist, sind berührende Momente. Lassen Sie sich für die nächsten 14 Minuten von diesen Bildern inspirieren, damit Sie erkennen: Die Zukunft ist offen. Sie selbst bestimmen, was sie beinhaltet. Durch Ihr Denken, durch Ihr Handeln, durch den Respekt vor den Ideen, die diese Welt gestalten. Richten wir heute, am Winspiration Day, die Kamera einzig auf das Glück."

Stellen Sie sich vor, diese Meldung trüge die Sprecherin der 20-Uhr-Nachrichten mit einem Lächeln in Ihr Wohnzimmer. Sie wären verdutzt und würden denken: Wo sind die Gefahren und Katastrophen des Tages? Kann es sein, dass der ganze Planet nur Kraft und Glück empfindet? Undenkbar. Die Macher der Nachrichtensendungen würden verzweifelt rufen: „Hilfe, wir riskieren die Quote! Die Zuschauer sind es gewöhnt, dass wir aus Krisengebieten berichten, von Konflikten erzählen. Sie haben ein Recht darauf, zu wissen, wo Krieg, Hass, Unruhe existiert. Maz ab, die zweite. Wir richten die Kamera wieder auf das Leid.“

Und so flimmern an 365 Tagen die schlechten Nachrichten in die Wohnzimmer, stellen Zeitungs- und Onlineredaktionen die Dramen der Welt an die erste Stelle. Das aber hinterlässt Spuren in den Gehirnen der Zuschauer. Sie werden auf Vorsicht, Zweifel, Ängste, auf Gefahr programmiert. Sie verstärken das Böse in den Gedanken und zeichnen Feindbilder ohne Unterlass. Kaum jemand traut sich, den Hagel der Negativmeldungen zu stoppen, aus diesem schlechten Energiefeld herauszutreten und sich zu überlegen: Wo bitte kann ich andocken, damit diese Welt ein wenig leichter schwingt? Wenn die Hollywood-Filme zuverlässig mit einem Happy End und rauschender Musik enden, dann bin ich mir sicher, tief in uns gibt es diese Sehnsucht nach guten Storys, nach solchen, die unsere Gefühle wachküssen und uns sanft zum Nachdenken anregen. So wie auch die folgende Geschichte, die ich auf Facebook fand.

Gepostet wurde ein Foto von vier afrikanischen Jungen. Sie posierten übermütig vor Hütten aus Schilf. Mit einem Lendenschurz bekleidet, mit einem Speer in der Hand waren sie offensichtlich Kinder eines Stammes irgendwo auf diesem weiten Kontinent. Über ihrem Lachen öffnete sich eine Sprechblase, in der zu lesen war: „Wisst ihr, dass Kinder in den USA und Europa den ganzen Tag lang in einem geschlossenen Raum stillsitzen müssen? Die dürfen nicht aufstehen, nicht umhergehen. Die dürfen keinen Lärm machen – und schon gar nicht laut lachen, wenn ihnen etwas gefällt. Sonst gibt man ihnen Drogen, damit sie wieder ruhig sind. Ach ja, und mit ihrem Spielzeug können sie nicht bauen und basteln und kneten. Es sind nur Videospiele, auf die sie sitzend starren. Seltsam, ihre

Nahrung pflücken sie nicht von den Bäumen, sammeln sie nicht vom Boden. Sondern die ist in giftigem Plastik verpackt und voller Chemikalien." Ein anderer der fröhlichen Afrika-Jungen antwortete in seiner Sprechblase: „Das ist ja schrecklich, wir sollten Spenden sammeln für diese armen Kinder." Wer braucht nun wirklich Entwicklungshilfe? Wer die Welt in eine erste, zweite und dritte teilt, wie die USA und Europa das zu tun pflegen? Wer sich anmaßt, die eigene Kultur für die einzig erstrebenswerte zu erhalten, wie die USA und Europa das zu tun pflegen? Anders drückte es die Religionswissenschaftlerin Elaine Pagels in einer Rede aus: „Doch wenn eine Religion die einzige Wahrheit hat, der einzige Weg ist, schließt sie Dialog aus, unterstützt Intoleranz und Diskriminierung."

Die Welt besteht nicht aus vielen Puzzleteilen, sondern sie ist ein Gesamtwerk. Die Gestirne über uns werfen auf alle Menschen Licht und Schatten. Die Lufthülle um uns nährt alle Menschen mit Sauerstoff. Wir dürfen diese gottgegebene Idee, dass diese Ganzheit aus individuellen Ansichten und Erfahrungen existieren kann, nicht durch das übergroße Ego Einzelner in Frage stellen. Wir müssen den Blick wieder öffnen für das Gute, das Kraftvolle, das Energiereiche um uns herum, von den Forschungslaboren im Silicon Valley über die Schilfhütten in Afrika bis zu den bedrohten Völkern in Papua-Neuguinea.

Sie können Vorurteile, Feindbilder, alte Glaubenssätze ablegen, wenn Sie Ihr inneres Tor der Demut öffnen, wenn Sie sich lösen von den Meinungsbildnern unserer Zeit, den schlechten Nachrichten. Vielleicht quietscht dieses Tor, denn die Scharniere haben Rost angesetzt. Drücken Sie trotzdem dagegen. Sie werden ein Feld mit Weisheiten entdecken, die über Menschengedenken gewachsen sind, gesät von allen Kulturen aller Zeiten. Blicken Sie weit, so weit das Auge reicht: Der

Mensch, der dem Islam folgt, ist dann per se kein Fundamentalist, sondern ein zutiefst spiritueller Mensch mit einer reichen Gedankenwelt. Der Russe hat in den Köpfen der anderen kein Herrschaftsdenken per se, sondern er entstammt einem wunderbaren Land, das uns große literarische und bildende Werke bescherte. Der Chinese verletzt nicht per se die Menschenrechte, sondern wir sehen ihn als einen Repräsentanten einer ehrwürdigen, alten Kultur, mit Riten und Traditionen, die von einer Ehrfurcht vor dem Leben geprägt sind. Ich denke, eine solche Haltung steht im Zeichen der Zeit, wohlwissend, dass immer die 80:20-Regel gilt.

Wir leben aktuell in einer Welt, in der genügend Nahrung für rund zehn Milliarden Menschen vorhanden ist. Die wird nur schlecht verteilt. So verhält es sich ebenso mit dem Geld, mit der Liebe, mit den Chancen. Dabei gilt doch der Glücksanspruch für jeden Einzelnen, und kaum jemand hat ihn griffiger in Worte gefasst als der Dalai Lama. „Meine Vorstellung von menschlichem Glück ist: innerer Friede, wirtschaftliche Entwicklung und Frieden in der Welt. Jeder Einzelne kann dieses Glück verwirklichen und seinen Beitrag für die Gesellschaft leisten." Dieses Zitat wird oft verwendet. Es verliert seine Strahlkraft nicht. Genau den gleichen Traum habe auch ich. Wir sind an der Schwelle dazu, dass wir den wirtschaftlichen Wohlstand nicht mehr über Krieg und Krankheit schaffen, sondern zukünftig über Frieden und Gesundheit.

Mein Beitrag ist der Winspiration Day am 7. Mai. Und ich hoffe, dass irgendwann die TV-Nachrichten genau diese Sätze verkünden, die ich zu Beginn dieses Kapitels schrieb.

Der wahre Reichtum

Wie kam ich dazu, diesen weltweiten Fokustag zu initiieren, könnten Sie sich nun fragen. Ich würde antworten: Es geschah durch einen Geistesblitz. Aus der Gehirnforschung aber weiß man, dass auch Geistesblitze eine Geschichte haben, denn sie entstehen niemals aus dem Nichts. Es bedarf einer langen Vorbereitungsphase, bis sie bereit sind, zu flackern und nach außen zu drängen. Erst gibt es eine vage Idee im Unterbewusstsein, und die nimmt manchmal über viele Jahre hinweg Gestalt an. Ganz langsam wächst und reift diese Idee, nähert sich der Bewusstseinssphäre. Und plötzlich ist sie groß. Es gibt kein Halten mehr im Unterbewusstsein, sie ruft nach Beachtung und knallt als Impuls zum Handeln ins limbische System. Da ist sie richtig. Dort befinden sich jene Neuronen, die sich auf Überraschendes und Phantasievolles freuen. Die Idee ist also ins Gehirn geblitzt und nun liegt es an dem Menschen, sie in die Welt zu bringen. Mit Hilfe von anderen Menschen gelang es, aus der Idee eine Realität zu schaffen.

Rückblickend begann alles mit meiner Sorge um Kinder, die in Armut aufwachsen. Ich hörte damals von einem unglaublichen Drama: Allein in Deutschland sollten über zwei Millionen Kinder in sozial schwachen Haushalten leben. Aktuell bezeichnen wir diesen traurigen Umstand mit dem Synonym für Armut: Hartz IV. Mich machte die Vorstellung sehr traurig. Diese Kinder wurden von der Armut formiert. Sie hatten in ihren Eltern Vorbilder, die monatlich Formulare ausfüllten, an das Job-Center reichten und sich damit ihre Armut selbst beglaubigten. Diese Kinder würden irgendwann als Grown-ups im Dunkeln der Gesellschaft stehen. Denn etwas anderes lernten sie nicht. Ihr Licht würde nicht scheinen. „Auf wie viel Potential wird die Gesellschaft verzichten müssen?", fragte ich mich.

Ich ließ mich weiter und weiter auf ein Gedankenspiel über Licht und Schatten im Leben ein. Was wäre, würde jeder Mensch wenigstens an einem einzigen Tag im Jahr sein Potential beachten, wecken und ehren? Was wäre, würde jeder einzelne Mensch, unabhängig von Status oder Geld, sich seiner Talente und Wünsche bewusst? Was wäre, wenn alle die Organisationen, die sich schon heute für das Gute in der Welt einsetzen, am 7. Mai sichtbar würden? Stellen Sie sich diese Synergien einmal vor.

So wurde für mich und für viele andere Wegbegleiter der 7. Mai, der internationale Winspiration Day, ein Tag der Selbstbesinnung, Besinnung auf das eigene Potential, auf das Potential der Kraft, der Freundschaften, der Familie, der Teams. Seither wird dieser Tag in Unternehmen, Nachbarschaften, in Städten und Ländern gefeiert. Ein wenig so, als ob Weihnachten wäre.

Mag dieses Buch auch Sie zur Teilnahme am 7. Mai und somit zu der Frage inspirieren: „Wo ist mein Potential? Lebe ich es?" Nutzen Sie die unglaubliche Energie, mit der die Menschen über Grenzen hinweg kraft ihrer Gedanken kommunizieren können. Samy Molcho, Freund und Unterstützer des Winspiration Days, sagte einmal, er mache keine Trainings über Körpersprache, er mache nur etwas mehr Licht, damit die Menschen besser sehen könnten, was ist. Mit offenem Blick und einem Bewusstsein für das eigene Wirken könnten sie besser durch die Welt gehen, würden weniger anecken. Dieser Hinweis gefiel mir. Denn er spricht ebenso das Phänomen an, dass Menschen sich nur in gleichen Kreisen bewegen. Arme leben in Armenvierteln, Künstler in Künstlervierteln, schlechte Menschen umgeben sich mit schlechten Menschen. Das aber minimiert die Chancen auf Entfaltung. Wenn Menschen hingegen ihr Licht ausstrahlen, strahlen sie auch andere an. Dann erst werden sie Kreise verlassen können, die ihnen nicht gut-tun. Sie haben immer die Wahl, zu entscheiden, wohin Sie Ihr Licht richten. Ich weiß, wie schwer es ist, eingetrampelte Pfade zu verlassen. Leuchten Sie trotzdem und geben Sie so Ihrer Seele die Möglichkeit, sich auf diesem Planeten auszudrücken, gleich welche Ignoranz Ihnen begegnen mag. Sie zögern noch, weil Sie Angst haben, andere könnten über Sie spotten, wenn Sie deren Kreise verließen? Mir hat in solchen Phasen der folgende Spruch geholfen:

„Eine neue Wahrheit oder Einsicht wird zuerst belacht, dann bekämpft und irgendwann als selbstverständlich angesehen." Wenn ich bekämpft werde, dann freue ich mich. Dann bin ich schon einen Schritt weiter.

Was die Seele will

Ich bin davon überzeugt, dass die Seele nach dem Tod weiter-lebt. Sie stirbt nie. Sie entschwindet aus dem Körper, wohin auch immer. Mitnehmen kann sie nichts, rein gar nichts an materiellen Dingen. Sie kann nichts schleppen, sich nicht behängen. Ihre angehäuften irdischen Güter interessieren sie nicht. Für die Ewigkeit gelten andere Werte. Am Ende des Lebens ist die Seele ein feiner Stoff.

Danach befragt, was es denn nun ist, das die Seele nach dem Tod behält, antworten die meisten spirituellen Lehrer, es sei ein höheres Bewusstsein, das sich aus Erinnerungen, Träu-men, persönlichen Einstellungen oder auch dem „Karma" zusammensetze. Kurzum: Sie sind einzigartig während des Lebens, und Ihre Seele bleibt es auch danach. Der Auftrag des Lebens ist also, das Beste daraus zu machen, damit dieses Karma ein glückliches ist.

Vor dieser Betrachtung sind Menschen spirituelle Wesen, die in einer materiellen Welt leben. Daraus ergeben sich zwei

Maximen, nach denen sich der demütige Mensch richten sollte. Zum einen darf er sich auf der materiellen Ebene nicht in eine weltabgewandte Geistigkeit flüchten. Vielmehr sind Menschen dazu eingeladen, auch Materie positiv anzunehmen. Zweitens sind Menschen nahezu verpflichtet, die materielle Ebene mit Achtung und Vorsicht zu behandeln. Es gilt, ein Sowohl-als-auch im Denken zu etablieren.

Worauf ich hinaus will: Zu einer demütigen Lebenseinstellung gehört es, die Tatsache anzunehmen, dass Sie unweigerlich auf Kosten anderer leben. Sie können nicht völlig losgelöst sein von der Welt. Selbst der Mönch, der sich 80 Jahre lang in einer Höhle verkriecht, um auf blankem Boden zu meditieren, trinkt Wasser, bereitet sein Essen aus Pflanzen zu. Auch er nutzt die Früchte der Erde. Demut hat immer diese beiden Seiten aus Nehmen und Geben. Und noch ein Aspekt zählt dazu, nämlich die Wertschätzung von Entwicklung und Fortschritt. Denn Fortschritt und materieller Reichtum sind positive Auswirkungen des Purpose-driven-Profits, den Sie im oberen rechten Feld des Purpose-Quadranten schaffen. Und dort, so hoffe ich, sind Sie nun auf dieser letzten Seite meines Buches angekommen.

Sich in diesem Quadranten einzurichten, wird Ihnen umso leichter fallen, je mehr Sie mit Ihrer Seele in Einklang geraten. Empfinden Sie Lebensglück. Nicht Entsagung. Greifen Sie in eine Fülle von Chancen. Nicht in die Leere. Nutzen Sie die Dualität von Geben und Nehmen für sich. Auch wenn sich mitunter die ganze Welt gegen Sie verschworen zu haben scheint, seien Sie sich gewiss: Dort, wo Sie nun stehen, stehen Sie richtig. Denn oben rechts in der Demut wird es Ihnen gelingen, Verständnis und Toleranz für sich und andere zu entwickeln. Ihr Licht strahlen zu lassen. Bis es eines Tages heißt, Abschied zu nehmen.

Leben und sterben wird es immer geben. Diese Wahrheit geht auf Ihr und auf mein Konto. Denn Sie und ich, wir nutzen, verwenden, verschleudern Wasser, Sauerstoff, Nahrung und sonstige lebenswichtige Elemente. Das führt zum Sterben. Selbst der radikalste Veganer konsumiert Pflanzen, von denen er nicht weiß, ob sie nicht eigentlich viel lieber hätten weiterleben wollen, anstatt geerntet und zu Grünfutter verarbeitet zu werden. Leben Sie mit dieser Wahrheit in Respekt und Dankbarkeit für was immer Ihnen gegeben wird.

Deshalb meine Einladung an Sie: Leben Sie Ihren Purpose, und seien Sie demütig. Lassen Sie Ihr Licht leuchten, anstatt es unter den Scheffel zu stellen. Sie sind von Natur aus ein Lichtwesen – genau wie das ganze Universum im Wesentlichen aus Licht besteht. Dann werden Sie auch andere Menschen und damit indirekt den ganzen Planeten zum Leuchten bringen.

Ich bin auch auf dem Weg und längst nicht perfekt. Aber solange wir auf dieser Erde sind, können wir uns weiterentwickeln.

Ich würde mich freuen, wenn wir uns in diesem Licht träfen.

Dank

Es ist üblich, für Oscar-Verleihungen, eine Buchfertigstellung oder andere besondere Ereignisse danke zu sagen. Sehr gerne folge ich dieser Tradition, denn Dankbarkeit verstärkt den Erfolg. Aber ich weiß auch um die Herausforderung, den Dank gerecht zu verteilen.

Ja, ich kann danke sagen:

Danke an Gabriele Borgmann. Ohne sie wäre dieses Buch textlich nicht zu dem geworden, was es ist. Sie hat mir einmal mehr geholfen, das Manuskript termin- und verlagsgerecht fertigzustellen.

Danke an Oliver Gorus. Insbesondere für die Ermutigung, das Thema Demut aufzugreifen.

Danke an Marianne Nentwig, als Lektorin im Kamphausen-Verlag hat sie mich geduldig und mit Einsatzbereitschaft begleitet, um dieses Buch zum Erfolg zu führen.

Danke an all die Menschen, die an meinem Lebensweg beteiligt waren, die Auswirkungen auf das hier Niedergeschriebene hatten, wie Manfred, Bob Proctor, John Demartini.

Danke auch an diejenigen, die mich stressten, forderten, demütigten, denn sie haben mir auf ihre Weise weitergeholfen. Alle waren bzw. sind für mich PETs. Personal Emotional Trainers.

Mein Dank gilt besonders denen, die mir in schwierigen Situationen zur Seite standen.

Mal tatkräftig, mal mit Rat oder Ermutigung. Sie alle trugen ihren Teil dazu bei, dass ich heute der bin, der ich bin. Da sind Menschen mit berühmten Namen darunter und Menschen, die einfach aus ihrem Naturell heraus – mit ihrer

Essenz, mit ihrem Licht und ihrer Liebe – mir erlaubten, mich selbst zu leben.

Danke an meinen Vater, mit dem ich nach Jahren des Kampfes heute in einem wundervollen Verstehen bin.

Und Danke an die Frauen, mit denen ich nach einem engen Auf und Ab dennoch mit Respekt und Liebe auseinandergehen konnte.

Und ein besonderes Danke an meine Partnerin, die mich so annimmt, wie ich bin, und mir damit zeigt, wie Demut in einer Beziehung zu großem Glück führen kann.

Anmerkungen / Literatur

1 Covey, Stephen R.: Die 7 Wege zur Effektivität. 27. Auflage, 2013. Gabal, Offenbach.

2 Deutsche Gesellschaft für die Vereinten Nationen: Bericht für die menschliche Entwicklung. Den menschlichen Fortschritt dauerhaft sichern. 2014. Berlin.

3 Grün, Anselm: Herzensruhe. 23. Auflage, 2013. Herder, Freiburg.

4 Quelle: http://www.zeit.de/2014/15/mindestlohn-arbeitsmarkt-politik zugegriffen am 1.5.2015.

5 Quelle: http://de.wikipedia.org/wiki/Kollektives_Unbewusstes zugegriffen am 1.5.2015.

6 Ware, Bronnie: Fünf Gründe, die Sterbende am meisten bereuen. 13. Auflage, 2013. Arkana, München.

7 Roth, Gerhard; Strüber, Nicole: Wie das Gehirn die Seele macht. 3. Auflage, 2014. Klett-Cotta, Stuttgart.

8 http://www.inur.de/cms/wp-content/uploads/Gallup%20ENGA-GEMENT%20INDEX%20DEUTSCHLAND%202013.pdf. Zugegriffen am 16.5.2015.

9 Sonnenburg, Wolfgang: Millionaire Spirit. 2. Auflage, 2014. Win-Win, Zürich.

10 Schneider, Wolf: „Wörter machen Leute" 2011. Piper, München.

11 http://www.spiegel.de/schulspiegel/tipps-fuer-frauen-in-maen-nerberufen-wie-weibliche-azubis-bestehen-a-898349.html. Zugegriffen am 15.06.2015

12 Roth, Gerhard; Strüber, Nicole: „Wie das Gehirn die Seele macht." 3. Auflage, 2014. Klett-Cotta, Stuttgart.

13 Popper, Karl R.; Eccles, John C. „Das Ich und sein Gehirn". 10. Auflage, 2008. Piper, München.

14 Dickens, Charles: Eine Weihnachtsgeschichte. 2012. Bassermann, München.

15 Interview mit Formel-1-Fahrer Niki Lauda: http://www.faz. net/aktuell/sport/formel-1/niki-lauda-im-gespraech-wir-waren-getrieben-vom-wahnsinn-12596015.html. Zugegriffen am 9. Juni 2015.

16 Faltin, Günter: Kopf schlägt Potenzial. 2008. Hanser, München.

17 Daishin-Zen-Schule: http://www.zen-schule.de. Zugegriffen am 9. Juni 2015.

18 Assaraf, John; Smith, Murray: The Answer. 2008. Atria Books, New York.

19 Tolle, Eckhart: „Jetzt! Die Kraft der Gegenwart". 2000. Kamphausen, Bielefeld.

20 Messner, Reinhard: http://www.explorermagazin.de/service/everest.htm. Zugegriffen am 20.06.2015.

21 Quelle: http://www.handelsblatt.com/unternehmen/management/die-kunst-des-ich-marketings-der-hasardeur-richard-branson/5889076-5.html. Zugegriffen 21.6.2015.

22 Sonnenburg, Wolfgang: „Und das Beste kommt noch". 2013. Winspiration Day Association, Zürich.

23 Proctor, Bob: „Erkenne den Reichtum in dir". 2. Auflage, 2005. Life Success Media, Innsbruck.

24 Precht, Richard David: „Wer bin ich – und wenn ja, wie viele". 31. Auflage, 2007. Goldmann, München.

25 Karsten, Jürgen: „Das Mentalprinzip". 2011. Heyne, München.

26 Mann, Thomas: „Joseph und seine Brüder". 4. Auflage, 2007. S. Fischer, Frankfurt am Main.

27 Quelle: Grant-Studie zum Glück: http://sz-magazin.sueddeutsche.de/texte/anzeigen/39739/2/1. Zugegriffen am 30.6.2015.

28 Sonnenburg, Wolfgang: „Und das Beste kommt noch". 2013. Winspiration Day Association, Zürich.

Über den Autor

Wolfgang Sonnenburg ist Unternehmer und Investor, Mentor und Visionär. Neben der Unternehmer- und Führungskräfteberatung versteht er sich als Future-Angel. Er ist Autor zahlreicher Bücher, Hörbücher sowie Audio-Coaching-Programme. In seinen sehr individuellen Workshops und Seminaren legt er den Schwerpunkt auf die Ermutigung, den eigenen Platz im Leben einzunehmen.

In seinen Vorträgen machte er bislang mehr als 250.000 Menschen Mut, ihre individuelle Lebensessenz zu erkennen. Er weiß: Nur die Entschlusskraft, aus jeder Situation das Bestmögliche zu machen, gibt dem Erfolg einen weiten Raum.
Die Quintessenz seiner jahrzehntelangen Forschung zu persönlicher Erfüllung und beruflichem Erfolg lautet: Materieller und immaterieller Reichtum schließen sich nicht aus. Im Gegenteil. Beide Bereiche fügen sich zu einer Erfolgsformel zusammen.

Wolfgang Sonnenburg lebt, was er lehrt, hat erfahren, was er weitergibt. Auch auf seinem Erfolgsweg gab es Höhen und Tiefen. Sie haben ihn geprägt. Von diesen Einsichten und von zahlreichen Gesprächen mit bedeutenden Persönlichkeiten profitieren seine Klienten. Denn er entwickelte das Purpose-Finding – die Lebensgestaltung nach der eigenen Essenz. Purpose-Finding ist ein Markenzeichen und ein Versprechen an seine Zuhörer und Leser, mit mehr Entschlusskraft den eigenen Erfolgsweg zu finden und zu genießen.

ws@wolfgangsonnenburg.com
www.wolfgangsonnenburg.com

Ein Gratis-Einstiegskurs zur Zielsetzung
www.traeume-ziele-wirklichkeit.de

50 Gratis Millionaire Spirit Tips
www.millionaire-spirit.com

Die hier im Buch erwähnten Arbeitsblätter samt Anleitung
finden Sie unter dem Link
https://www.lieber-die-ganze-welt-gegen-mich-als-meine-
seele.de.
Mit dem für Sie reservierten Codewort – Demut – können
Sie diese Arbeitsblätter und mehr gratis downloaden.

Und Das Beste kommt noch!
http://the-best-is-yet-to-come.org

Ein Mutmach-Buch

Am Tiefpunkt Ihres Lebens, wenn Sie meinen, „es geht nicht mehr weiter", holt Lebenscoach und Business-Trainer Stefan Reutter Sie ab. Mit freundschaftlicher Klarheit, liebevoll und mit viel Humor leitet er Sie zu den Quellen Ihrer Kraft und macht Sie wieder stark.

Ein ermutigendes, motivierendes Buch, das hilft wieder aufzustehen und dabei einfach Spaß macht!

www.stefanreutter.de

Stefan Reutter
Gut, dass es dir schlecht geht
264 Seiten, Broschur
ISBN 978-3-89901-872-1

Diamond Approach
Lebendige Beziehung Glücksprinzip
Spirituelle Romane Stille und Meditation Zen
Persönlichkeitsentwicklung inspire!
Integral   Alter & Übergang
Kommunikation **jkamphausen** Einheitserfahrung
Naikan   Psychologie
TM Advaita neues Denken & Handeln
Transzendenz & Bewusstsein

Mit Liebe fürs Detail und für die Umwelt

Bei der Auswahl der Inhalte, die wir präsentieren, achten
wir auf Originalität, Kompetenz, Praxisrelevanz und Qualität.
So können wir mit Herz und Seele hinter unseren Büchern,
Hörbüchern, Filmen und den anderen Produkten stehen,
die wir mit viel Liebe und Aufmerksamkeit bis ins letzte
Detail fertigen.

Wir leisten einen aktiven Beitrag zum Umweltschutz
und verbrauchen nur wirklich notwendige Ressourcen —
so sparsam wie möglich. Wir drucken überwiegend auf 100%
Recyclingpapier oder produzieren unsere Titel klimaneutral.
99% unserer Fertigung findet in Deutschland statt, so haben
wir kurze Transportwege und unterstützen die lokale
Wirtschaft.

Inspirationen, interessante und wertvolle Neuigkeiten,
Wahres, Schönes & Gutes sowie wichtige Termine
können Sie regelmäßig in unserem Newsletter erfahren
oder hier: **www.facebook.com/weltinnenraum**

weltinnenraum.de
J.Kamphausen | Mediengruppe